HIROMI MURANO

絶対! 運がよくなる

家相・方位占い

開運鑑定士
村野弘味

Welcome!

村野弘味の開運サロンへようこそ！

開運にこだわってつくった、
栃木県にある鑑定事務所を公開します。
みなさんの家の運を上げる
参考にしてくださいね！

今の事務所にしてから
お客様は途切れず、
テレビへの出演も決定。
幸運が続いています

いろいろな方がいらっしゃるので、たくさんの水晶と観葉植物で浄化。「ここに来ると元気が出る」とお客様からも好評です。裏鬼門（南西）にはとくに大きな観葉植物を置いて清めています。

Waiting room
待合室

いい気がめぐる秘訣は
水晶と観葉植物

大小さまざまな水晶。紫はパワーを放出、白は穏やかに浄化、黒は浄化作用が強いとされています。

私は直感が冴える南を向いて座ります。お客様には集中力が高まる北の方位を向いていただき、冷静に話ができるような環境をつくっています。

Opinion Room

鑑定ルーム

鑑定は直感が冴える南の方位を向いて

たくさんの方のお話を聞くので、エネルギーを与えてくれる赤をインテリアに取り入れています。絵は20歳のときに清水の舞台から飛び降りるつもりで買ったもの。初心を忘れないように飾っています。

PCのそばに座布団にのせた水晶を。電磁波で気が乱れるのを防ぎます。

Entrance

玄関

気の通り道なので
徹底的に浄化を

入ってすぐのシューズボックスの上には開運グッズと観葉植物、そして水晶を。沖縄がいい方位になる時期に開運旅行して手に入れたシーサーと、お客様が帰ってくるようにという願いを込めたカエルがお迎えします。開運旅行のコツはP22~解説しています。

たくさんの人が出入りする玄関扉は左右に置いた水晶で挟んで浄化。悪い気が入ってくるのを防ぎ、いい気だけを取り入れるようにしています。

Lucky Items & Goods

運気を上げる開運グッズの数々

尊敬する方に
いただいた絵

「その方に恥ずかしくないように生きなくては」と気持ちが引き締まります。

ポイント的に
赤いグッズを

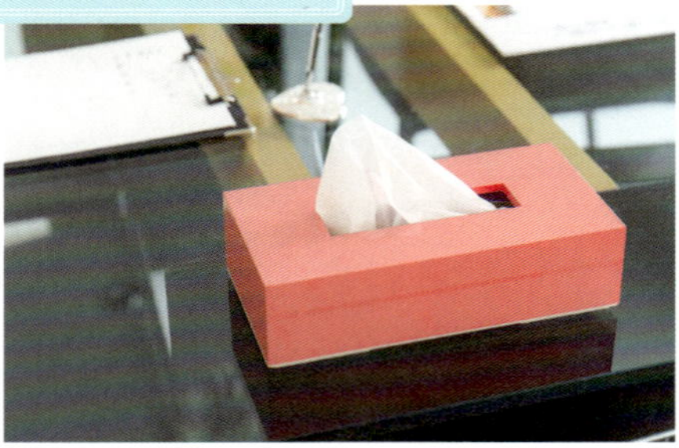

仕事部屋にはエネルギーを与えてくれる赤を少しだけ取り入れています。

龍も水晶で
できています

小樽がいい方位になるときに行った開運旅行で入手。

大きな丸い水晶で
気を柔らかく

丸には「関係を円滑にする」という意味があります。

ちょっと
かわいいアイテム

意外と（？）かわいいものが好き。自分の好きなものを飾り気分よく過ごすことも開運には大切です。

お金はお布団に
寝かせます

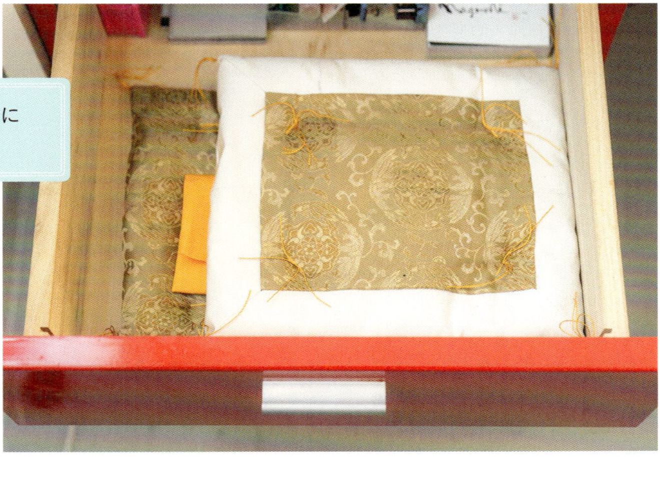

お金は袱紗《ふくさ》に包んで、お布団に寝かせています。お金をていねいに扱うことで、大事なものだと潜在意識に刷り込み、無駄づかいを防ぎます。敷布団の下には水晶を敷き詰めて。

あなたもできる！

お部屋の開運ポイント

Point 1

観葉植物で浄化を

数が多いほど浄化のパワーは強くなります。
とくに北東と南西に置くのがおすすめ。

Point 2

ひらめきが欲しいなら南を、冷静になりたいなら北を向いて座る

その方位に座るのではなく、
その方位に「向く」のがポイント。

Point 3

元気が欲しいときは赤系のアイテムを取り入れて

イライラする場合は
ベージュ系かグリーン、ブルー系で沈静を。

Point 4

大好きなものに囲まれよう

やる気が湧いてくるのを感じるはず！

Point 5

いちばんはきれいに保つこと

汚い部屋に開運アイテムを置いても
幸運はやってきません！

家相・方位は
裏切らない！

どんな人でも
開運できます

Let's start to get the luck!

Check Your Fortune Star

あなたの本命星をチェック！

私の開運鑑定は、九星気学をベースに家相や方位学などを取り入れたものです。九星気学では、地球上に九種類の「気」の流れがあると考えます。気とは磁場のような、エネルギーの流れだとイメージしてください。この九種類の気は、定期的に北西から西、北東、南、北、南西、東、そして南東へと循環しています。生まれたときにどのような気の配置だったのかによって、その人の運が決定されます。この考え方から、生まれた年によって人を9つに分類したものが「本命星」となります。それをまとめたのが次ページの早見表です。私がいつも行っている実際の鑑定ではここからさらに千通り以上に分類して、性格や能力、相性、運気や方位を見ていきます。ただ、それではあまりにも難解になってしまいますので、本書では本命星×生まれ月で分類した１０８タイプで鑑定していきます。

ＰＡＲＴ１「家相・方位で運をよくする方法」では、２０２２年9月頭までの月ごとの吉方位を示しました。

ＰＡＲＴ２「あなたに合った開運法がわかる『１０８タイプ別診断』」では本命星ごとのもって生まれた性格・生き方についてご紹介していきます。

本書を読み進める前に、まずは九星早見表で、自分の星をチェックしてください。気をつけていただきたいのは、1月1日から節分生まれの人は、前年の九星が本命星となります。

自分の本命星がわかったら、66ページからの「１０８タイプ別診断」で自分の生まれ月のところを確認してください。

九星早見表

★１月１日〜節分生まれの人は、前年の九星が本命星になります。
例：平成 29 年１月５日生まれの人は、一白水星ではなく二黒土星です。
※節分は年によって日付が違うのでご注意ください。

一白水星	二黒土星	三碧木星	四緑木星	五黄土星	六白金星	七赤金星	八白土星	九紫火星
平成29年 2017年	平成28年 2016年	平成27年 2015年	平成26年 2014年	令和4年 2022年	令和3年 2021年	令和2年 2020年	平成31年／令和元年 2019年	平成30年 2018年
平成20年 2008年	平成19年 2007年	平成18年 2006年	平成17年 2005年	平成25年 2013年	平成24年 2012年	平成23年 2011年	平成22年 2010年	平成21年 2009年
平成11年 1999年	平成10年 1998年	平成9年 1997年	平成8年 1996年	平成16年 2004年	平成15年 2003年	平成14年 2002年	平成13年 2001年	平成12年 2000年
平成2年 1990年	昭和64年／平成元年 1989年	昭和63年 1988年	昭和62年 1987年	平成7年 1995年	平成6年 1994年	平成5年 1993年	平成4年 1992年	平成3年 1991年
昭和56年 1981年	昭和55年 1980年	昭和54年 1979年	昭和53年 1978年	昭和61年 1986年	昭和60年 1985年	昭和59年 1984年	昭和58年 1983年	昭和57年 1982年
昭和47年 1972年	昭和46年 1971年	昭和45年 1970年	昭和44年 1969年	昭和52年 1977年	昭和51年 1976年	昭和50年 1975年	昭和49年 1974年	昭和48年 1973年
昭和38年 1963年	昭和37年 1962年	昭和36年 1961年	昭和35年 1960年	昭和43年 1968年	昭和42年 1967年	昭和41年 1966年	昭和40年 1965年	昭和39年 1964年
昭和29年 1954年	昭和28年 1953年	昭和27年 1952年	昭和26年 1951年	昭和34年 1959年	昭和33年 1958年	昭和32年 1957年	昭和31年 1956年	昭和30年 1955年
昭和20年 1945年	昭和19年 1944年	昭和18年 1943年	昭和17年 1942年	昭和25年 1950年	昭和24年 1949年	昭和23年 1948年	昭和22年 1947年	昭和21年 1946年
昭和11年 1936年	昭和10年 1935年	昭和9年 1934年	昭和8年 1933年	昭和16年 1941年	昭和15年 1940年	昭和14年 1939年	昭和13年 1938年	昭和12年 1937年
昭和2年 1927年	大正15年／昭和元年 1926年	大正14年 1925年	大正13年 1924年	昭和7年 1932年	昭和6年 1931年	昭和5年 1930年	昭和4年 1929年	昭和3年 1928年

あなたは十分、運がいい

この本を手に取ってくださったあなた。
なにか悩みを抱えて苦しんでいるのでしょうか？
それとも、人生の岐路に立っている？
あるいは、もっともっとハッピーな人生を送りたい？
願いはそれぞれかもしれません。
でもひとつ、確実に言えるのは、数ある本のなかから私のこの本を手に取ったみなさんは、すでに運がいい、ということです。
運気は必ず上がります。

私は「開運鑑定士」として、これまで2万8000人もの人生に寄り添ってきました。

・不妊治療をきっかけに夫のDVが始まってしまった主婦
・経営不振からうつ病になったレストランチェーン社長
・つきあうのはダメ男ばかりで、結婚相手がなかなか見つからない婚活女性

Prologue

・いじめをきっかけに引きこもりがちになった娘を救いたい母親

私のところにはさまざまな方が相談にいらっしゃいます。みなさん、現状からなんとか抜け出したい、幸せになりたいと苦しんでいる。その姿に私はかつての自分を見ることがあります。私も人生にあがき、そして占いによって救われたからです。

私は事業家の両親のもと、なに不自由なく育ちますが、7歳のとき親が離婚します。たった一人の家族である母は、私が15歳のとき、くも膜下出血で倒れ、寝たきりになりました。20歳のとき、母の事業を継いで6億円の借金を抱えます。事業を広げることに躍起になっているうちに、最初の夫との価値観がズレ始めて離婚。シングルマザーとなり、がむしゃらに働き続けましたが経営はどん底に。30歳のときうつ病を発症し、自殺未遂を繰り返して……。漫画や小説の企画だとしたら「リアリティがない！」とつっこまれそうな展開ですが、これが私の人生。正直、しんどかった……でも、私は占いと出合いました。

うつ病になる少し前から、なにかに導かれるように占いにハマり、あちこちで鑑定してもらっていました。そんな折、知人からある占い師の噂を耳にします。じつは、その占い師の名前を聞くのは二度目。なにかの報せに違いないと鑑定を受けると、こう言われたのです。

「経営者に向いているし、やっていることは間違っていない。でも、旅行も引っ越しも行っている方位がことごとく悪い」

そこで、半信半疑のまま「方位取り」を始めたのです。方位取りについてはＰＡＲＴ１で詳しく紹介しますが、生年月日で割り出された九星気学の運気に合わせて、毎月、よい方位へ旅をすること。始めたばかりの頃は金銭的な余裕などありませんので、旅の楽しみなどなにもない貧乏旅行でしたが、とにかく毎月のように、いいといわれる方位へと出かけていきました。さらに、ほかのアドバイスも生活に取り入れたところ――。

借金はどんどん減り、うつ病だった私を支え続けてくれた彼と再婚。そして、占いの道へと誘われていきました。

占いによって、人生を変えることができた。「絶対！　運がよくなる」と断言するのは、人生に絶望し、死の淵までのぞいたこの私ですら、穏やかな日々を手に入れられたからです。

運は必ず上げられる

運には「前運」と「後天運」があります。前運は７代前までの先祖の影響によるもので、今を生きる私たちはどうすることもできません。一方、後天運は生まれてから身につけていく運で、自分でコントロールすることができます。

Prologue

前運が悪ければ、後天運を上げればいい。逆にいえば前運がどんなによくても、運が落ちることばかりをしていたらプラマイゼロ。場合によっては、マイナスにもなってしまいます。
「私は運の悪い星のもとに生まれた」となげやりになる人がいます。でも、あきらめる必要はありません。後天運を上げればいいだけです。後天運は、努力次第でいくらでも上げられます。

家相・方位占いは、「3歳のとき事故に遭ったでしょう?」など過去のことをズバリ当てることはできません。でも、自分の力で未来をよくするための道筋を描くには、最強の占いです。

今、苦しい人ほどチャンスです。「変わりたい！」「変わらなきゃ！」という思いは、開運への強いモチベーションになります。そのチャンスをいかすかどうかは、あなた次第です。

私のところにご相談にくる方のなかには、ケタ外れのお金持ちや成功している経営者が少なくありません。みなさん、家をきれいに掃除して、いい時期にいい方位に引っ越しをしています。欲求に任せて生きるのではなく、運気が上がるよう意識的に行動しています。運を上げるためならどこまでも努力する、そういう人だから運を引き寄せられるのでしょう。

手間をかければかけるほど、運を上げることができます。

その方法——村野流開運術のエッセンスをできる限り盛り込んだのがこの本です。どこまで実践するかは、運をどこまで上げたいかによって変わります。それを決めるのはあなた自身。あきらめなければ、絶対、運は上がります。運をつかみにいきましょう。

CONTENTS

村野弘味の開運サロンへようこそ！　002

あなたの本命星をチェック！「九星早見表」　010

Prologue　あなたは十分、運がいい　012

PART1

家相・方位で運をよくする方法

方位からエネルギーをもらう「方位取り」　022

方位取りの行き先はどこにする？　025

方位取りを続けて運気の残高を上げる　026

本当はこわい引っ越し!?　028

開運はていねいな暮らしから　030

ものを捨てると運気が上がる理由　034

できれば避けたい家相と対処法 036
こだわりたい寝室の方位 038
あなたにおすすめの寝室の方位は？ 040
グループ別・おすすめの寝室の方位 042
どこまで運を上げたいか 044
開運する旅行・引っ越しの方位と時期がわかる「吉方位表」 046
一白水星 047
二黒土星 048
三碧木星 049
四緑木星 050
五黄土星 051
六白金星 052
七赤金星 053
八白土星 054
九紫火星 055
旅行・引っ越しはNG!! 大凶方位 056
運気を上げる「家相TIPS」 058

CONTENTS

PART2

あなたに合った開運法がわかる「108タイプ別診断」

宿命に寄り添うということ 060
108タイプ別診断の見方 064

一白水星2月生まれ 066
一白水星3月生まれ 067
一白水星4月生まれ 068
一白水星5月生まれ 069
一白水星6月生まれ 070
一白水星7月生まれ 071
一白水星8月生まれ 072
一白水星9月生まれ 073
一白水星10月生まれ 074
一白水星11月生まれ 075
一白水星12月生まれ 076
一白水星1月生まれ 077
二黒土星2月生まれ 078
二黒土星3月生まれ 079
二黒土星4月生まれ 080
二黒土星5月生まれ 081

二黒土星6月生まれ 082
二黒土星7月生まれ 083
二黒土星8月生まれ 084
二黒土星9月生まれ 085
二黒土星10月生まれ 086
二黒土星11月生まれ 087
二黒土星12月生まれ 088
二黒土星1月生まれ 089
三碧木星2月生まれ 090
三碧木星3月生まれ 091
三碧木星4月生まれ 092
三碧木星5月生まれ 093
三碧木星6月生まれ 094
三碧木星7月生まれ 095
三碧木星8月生まれ 096
三碧木星9月生まれ 097

三碧木星10月生まれ 098
三碧木星11月生まれ 099
三碧木星12月生まれ 100
三碧木星1月生まれ 101
四緑木星2月生まれ 102
四緑木星3月生まれ 103
四緑木星4月生まれ 104
四緑木星5月生まれ 105
四緑木星6月生まれ 106
四緑木星7月生まれ 107
四緑木星8月生まれ 108
四緑木星9月生まれ 109
四緑木星10月生まれ 110
四緑木星11月生まれ 111
四緑木星12月生まれ 112
四緑木星1月生まれ 113

五黄土星2月生まれ 114
五黄土星3月生まれ 115
五黄土星4月生まれ 116
五黄土星5月生まれ 117
五黄土星6月生まれ 118
五黄土星7月生まれ 119
五黄土星8月生まれ 120
五黄土星9月生まれ 121
五黄土星10月生まれ 122
五黄土星11月生まれ 123
五黄土星12月生まれ 124
五黄土星1月生まれ 125
六白金星2月生まれ 126
六白金星3月生まれ 127
六白金星4月生まれ 128
六白金星5月生まれ 129
六白金星6月生まれ 130
六白金星7月生まれ 131
六白金星8月生まれ 132
六白金星9月生まれ 133

六白金星10月生まれ 134
六白金星11月生まれ 135
六白金星12月生まれ 136
六白金星1月生まれ 137
七赤金星2月生まれ 138
七赤金星3月生まれ 139
七赤金星4月生まれ 140
七赤金星5月生まれ 141
七赤金星6月生まれ 142
七赤金星7月生まれ 143
七赤金星8月生まれ 144
七赤金星9月生まれ 145
七赤金星10月生まれ 146
七赤金星11月生まれ 147
七赤金星12月生まれ 148
七赤金星1月生まれ 149
八白土星2月生まれ 150
八白土星3月生まれ 151
八白土星4月生まれ 152
八白土星5月生まれ 153

八白土星6月生まれ 154
八白土星7月生まれ 155
八白土星8月生まれ 156
八白土星9月生まれ 157
八白土星10月生まれ 158
八白土星11月生まれ 159
八白土星12月生まれ 160
八白土星1月生まれ 161
九紫火星2月生まれ 162
九紫火星3月生まれ 163
九紫火星4月生まれ 164
九紫火星5月生まれ 165
九紫火星6月生まれ 166
九紫火星7月生まれ 167
九紫火星8月生まれ 168
九紫火星9月生まれ 169
九紫火星10月生まれ 170
九紫火星11月生まれ 171
九紫火星12月生まれ 172
九紫火星1月生まれ 173

方位のパワーをもらって運気アップ！ 174
本命星でみる「ライトな関係性の相性」 178

PART3

開運体質になる秘訣

運をよくする「5つのポイント」 180
「運がいい人」ってどんな人？ 182
「運が悪い人」の残念な特徴 184
「運」は積立貯金 186
生き方のクセを知りましょう 188
頑張りすぎの人は心ゆるめて 190
頑張らなさすぎの人がエンジンをかけるには 192
あなたの「幸せ」はなんですか？ 194
Eplogue 占いだけでは幸せになれない 196

PART

1

PAGE 021-058

家相・方位で 運をよくする方法

方位からエネルギーをもらう「方位取り」

方位による開運法で、エナジードリンクのような即効性があるのが「方位取り」です。方位取りは自宅から見ていい方位へ旅行をするという開運法。土地には磁場のような気の流れがあり、いい方位に行くことでいいエネルギーをもらうことができるのです。

誰だって、日々の生活のなかで、なにかしらのストレスが心と体に蓄積していきます。方位取りをすると、それをリセットできます。本来もっている力を取り戻すことができ、直感力が上がります。勘が冴えて一つひとつの選択がいいほうへとハマるようになり、運気の流れを上げていくことができるのです。

吉方位に行くと、気心知れた友達と過ごすような安らぎを覚えます。たまたま選んだ旅行先で、「この街、なんだか落ち着く～」と感じたことはありませんか？　それは、ラッキーにも方位取りができたのだと思います。

一方、絶対に避けるべき大凶方位というのがあります。うっかり悪い方位（大凶方位）へ旅行をしたり、出張をしてしまっていることもあります。私自身がそうだったわけですが、大凶方位への旅行を繰り返していると、運の〝残高〟が確実に目減りします。

大凶方位に行ってしまうと、日常にある小さな選択を、ことごとく間違えるようになるのです。間違えたことに気づかないし、一回のズレは気にもとめない小さなものです。でも、それが積み重なり、いつしか大きな問題となって自分自身にふりかかってくるのです。

大凶方位はすべての星に共通で、２０２１年は北西です。南東と南西もできるだけ避けてください。そのほか、月ごとの大凶方位もあります（56ページをご参照ください）。開運をしていきたいのであれば、ぜひ、この方位を意識してください。

方位のパワーをたっぷりもらおう

方位取りは吉方位へ旅行をすればいいわけですが、より効果を上げるポイントがいくつかあります。まずは距離です。自宅から１００キロメートル以上、離れた場所を目的地にしてください。理想は３００キロ以上離れたところです。

時代が変われば、それに応じて占いも変わっていきます。移動手段が徒歩しかなかった時代は、数十キロ離れた土地に行くのも大変でした。でも、交通手段が発達し、1時間もあれば数百キロの移動ができるようになった今、それなりの距離を移動しないと方位取りの効果は出にくくなっているのです。近場の吉方位への日帰り旅行や街歩きなどでは、残念ながら大きな効果は期待できません。

方位取りをするときは、１００キロ以上離れた場所に行き、その地に宿泊をしてください。

現地で寝ると、効率よく運を上げることができるからです。家相のパートで詳しく解説しますが、睡眠と運はとても強い関係があります。**方位取りに行った先で、ぐっすり眠ると開運効果は3倍アップします**。

温泉地であれば、源泉のお湯にゆったり浸かりましょう。温泉は浄化力がとても高いので、気の流れをさらによくしてくれます。そして、その土地で採れた旬の野菜や果物を食べると、口からもエネルギーをいただくことができます。

行き帰りや現地では観光を楽しんでください。途中、大凶方位を経由してそこで仮眠をとっても問題はありません。あまり、厳密に考えないで。開運は楽しむことが大切です。

方位取りは即効性があります。ただ、土地からいただいたエネルギーには持続性がないので、年に1~2回行った程度では、効果として実感することはできません。月1回くらいのペースで出かけて、運気を積み上げていくことが大切です。運気がある程度たまってくると効果を感じることができ、深い問題がない人であれば、**3か月ほどで運気の流れがよくなったのを感じることができます**。もちろん、リスクを冒して開運行動をするのは本末転倒。方位取りは安心してできる状況のときに行うのが大前提です。

吉方位は、その人の生年月日から導かれるもので、本命星と生まれ月によって異なります。また、毎年毎月変わります。２０２２年9月頭までの吉方位を、46ページからの「吉方位表」にまとめましたので、ご自身の吉方位を確認してみてください。

PICK UP COLUMN 01

方位取りの行き先はどこにする?

開運旅行の行き先を決めるのに便利なのが、『あちこち吉方位マップ』という無料アプリです。
基準地に合わせ、8つの方位（北、南、西、東、北西、北東、南西、南東）に
あたるエリアを示してくれ、目的地の距離も瞬時に示してくれます。
ただし、方位の境目は吉凶交わるので、方位線の示すギリギリは避けましょう。

HOW TO USE

【使い方】

STEP 1

「偏角」設定をオンにして、「方位線の種類」を「気学30／60」に設定

STEP 2

画面中央に表示される「×」に自宅を合わせて「地図中央を自宅に設定」をクリック

STEP 3

目的地を「×」に合わせると、画面に方位と距離が表示されます

あちこち吉方位マップ

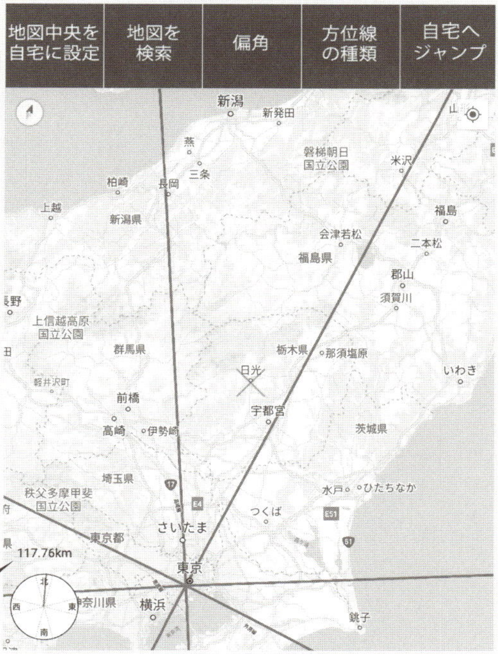

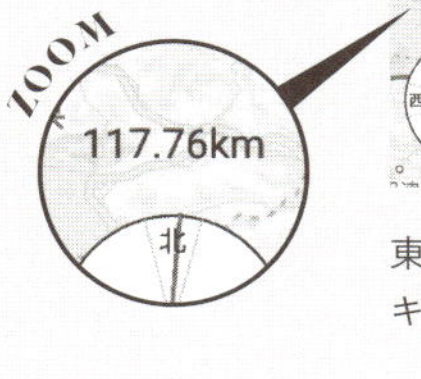

東京都港区芝浦の自宅から見て、日光は北の方位で117.76キロ離れていることがわかる。

方位取りを続けて運気の残高を上げる

私が初めて行った方位取りは上海でした。海外を含め、仕事や旅行で行っていた先がことごとく悪い方位で、国内でちょっと方位取りをしたくらいではどうにもならないと言われたからです。運気の負債がたまりにたまっていたんですね。

はじめは、もちろん半信半疑です。金銭的な余裕はありませんでしたので、隣室の声が筒抜けのボロボロの安ホテルの硬いベッドに寝て、翌日すぐに格安航空券で帰国……。その後も旅行の楽しみとは無縁の貧乏開運旅行を続けました。

半年ほどたった頃でしょうか、娘から「ママ、最近、イライラしてないね」と指摘されました。確かに自分でも調子が悪くない、という実感がある。そして、方位取りを始めてから一年、絶望的にも思えた仕事の状況も好転していきました。

方位取りのアドバイスをすると、「お金がなくて」「時間がなくて」と言う方がいます。頻繁に泊まりの外出をするのは簡単ではないでしょうし、それなりに出費があるのも確かです。でも、夜行バスを使ったり、なるべく安い宿を見つけたり方法はあります。キャンプは宿泊費が安く、土地のエネルギーをダイレクトに受けることができるので最高です。工夫して考えながら方位取りをする、そのモチベーションが大切なのです。

方位取りは、行ったり行かなかったりすると効果を実感できず、やめてしまう人が少なくありません。まずは一年、続けてみてください。早い人なら3か月で変化を感じるはずです。

ただもう一点、方位取りには注意ポイントがあります。方位取りを始めると、停滞していた運気が動き出すので、運気が上がる前に問題が噴出するのです。

たとえば、仕事で問題が続いたり、些細なことで周囲とトラブルになったり、とくに理由があるわけでもないのにイライラしたり。これは悪かった運が底をつき、これから上がっていく！　というサインです。すでにその程度の問題を乗り越えるだけの運気と力は身についています。ここでの反動が大きければ、そのぶん、大きく上がっていけます。

家族みんなで行くときは、大凶方位を避けて、とくに運気を上げたい人を中心に考えてください。仕事でどうしても大凶方位に行かなくてはならないという場合は、先にいい方位に行っておいたり、帰ってきてから吉方位に行くなどして、落ちた運気を上げれば大凶方位のマイナスは解消できます。

運は積立貯金のようなもので、方位取りは行くだけで残高を積み上げられるので、とてもおすすめの開運法です。運気の積立貯金がかなり貯まっていくと、大凶方位への出張がなくなるなど、運を落とすようなトラブルや出来事が、自然と回避できるようになります。

本当はこわい引っ越し!?

方位取りと並んで、方位学の基本となるのが「大吉転居」「大凶転居」です。大吉転居は、いい方位へと引っ越しをして運気をよくすること。大凶転居はよくない方位への引っ越しのこと。大凶転居は大きく運を落とします。しかも、一回の引っ越しの影響は次の引っ越しまで続きます。さらにこわいのは、大凶転居は家族全員に悪い影響を及ぼすことです。たまたま決めた新居が大凶方位だった場合、家族全員に災いをもたらすことになってしまうのです。

夫婦仲が悪くなるほか、子どもがいじめにあったり、仕事がうまくいかなくなったり――。深刻な病気になってしまうこともあります。近距離だとしても引っ越しは引っ越しです。転居を考えている方は、どうか大凶転居にだけはならないよう気をつけてください。

よくあるのは、子どもが大学進学や就職といったタイミングで家を出て、それが大凶方位に当たってしまうというケース。優秀だった子が20代なかばでつまずいてしまったという相談を受けると、大学進学時に大凶転居をしていたというケースが少なくありません。ただ、希望があるのはまだまだ若いということ。これからいくらでも運を上げていけます。

では、大吉転居の方法ですが、いくつか注意ポイントがあります。

まず、家族の誰を基準にして方位を見るかですが、これは、家の主導権を握っている人で見てください。かつては家長で鑑定をしたものですが、家族のかたちがさまざまになった現代、誰が家の中心かは家庭ごとに違います。基本は生計を担っている人で鑑定します。生活費を折半している場合は、この人が笑顔だと家が明るくなるという人を基準にしましょう。家庭の中心人物にとっての吉方位で、ほかの家族の大凶方位を避けた方位にしてください。

そして、引っ越しをして寝泊まりが始まった日から、60日間は必ず、新居で寝てください。引っ越しをしたはいいけれど、翌日からあちらこちらへと外泊しているようでは、気が定まりません。新しい場所の気をおさめるため、2か月ほどその時間が必要だからです。

また、九星気学の考え方では、2月は年が変わるタイミング。運気が不安定になるので引っ越しは20日以降にすることをおすすめします。

ほとんどの場合、大吉方位が出る期間は年に数回しかありません。現実的な準備や段取りのことを考えると、引っ越しができる期間はかなり限られてしまいます。それでも、家族全員の一生にかかわることですから、大吉転居をして運を上げていただきたいと思います。

以前、不妊治療をきっかけに夫のDVが始まったという夫婦の相談を受けたことがあります。鑑定すると、結婚してから二度の転居、購入した一軒家への転居、いずれも大凶方位への引っ越しでした。そこでいったん、妻の実家に転居し、実家から見て家が吉方位になるタイミングで戻るようアドバイスしました。半年後、二人で住んでいた家に戻り、ほどなく妻は妊娠。大凶転居のダメージを、大吉転居で取り戻すことができたのです。

開運はていねいな暮らしから

方位取りや大吉転居をしても、運気が上がらないことがあります。その原因として考えられるのが家相、家の問題です。普通に世話をしているのになぜか観葉植物がすぐに枯れてしまう……なんてことはありませんか？　そんなときは、家の気の流れが乱れている可能性があります。気の流れを大切にするのは古代中国発祥の風水の考え方に由来します。家の気を整えることは、そんなに大変ではありません。居心地のいい快適な住まいづくりは、もっとも身近で手軽な開運法になります。

●家をきれいに保つ

掃除を終えた瞬間、スッキリした気持ちになりますよね。まさに、気がよくなったことの表れです。掃除によって、ゴミやほこりだけでなく、停滞していた穢《けが》れた気を取り除くことができます。忙しいと、しっかり掃除することが難しいかもしれません。小さなお子さんがいたらなおさらでしょう。でも、汚れをすぐに拭き取れるよう使い捨てのクロスを手の届きやすいところに置いておくなど、ちょっとしたアイデアできれいをキープすることはできます。とくに、運気の出入り口となる玄関、気を整える場でもある寝室はいつも清潔にしておきましょう。

•換気をする

水の入った水槽を掃除せず、水換えもせず放置しておくと、いずれ水は緑色に濁ってしまいます。換気をしない部屋は、そんな汚れた水槽のようなもの。家のなかの気がとどまり続け、よどんでいきます。起きたらまずは窓を開けて、気の入れ換えをしましょう。窓のないトイレや浴室には換気扇をつけて。空気清浄機や観葉植物も空気の浄化や循環に役立ちます。

•悪い気を出すものには蓋をする

ゴミ箱は蓋付きのものを使い、便座の蓋も使ったら閉めるようにしましょう。悪い気が漏れ出さないようにするためです。トイレは悪い気が溜まりがちです。本や雑誌を置いて長居をするのはやめましょう。トイレに時計を置くと「時」に関して悪影響があり、カレンダーを置くと計画が流れやすくなるといわれています。

•できるだけ家を明るくする

日の光はパワーいっぱいです。東や南からの光をたっぷり取り込むと、運気が上がっていきます。生活スタイルや住環境もあるとは思いますが、洗濯物は部屋干しより日に当てたほうがいいですし、お布団を干すのも日光に当てたほうが運気アップにつながります。

・好きなものを飾る

好きなものや心がやわらぐものを飾ると、運気が前向きになっていきます。家族の写真などは家族運のアップにつながりますし、趣味のものを置くと活力がみなぎってきます。どの方位になにを飾るかは、１７４ページからの「方位のパワーをもらって運気アップ！」を参考にしてください。

・壊れたものは捨てる

欠けたお皿や壊れてしまった電化製品を、「もったいない」と使っていませんか？　ごまかしながらものを使っていると、人生も〝ごまかしの人生〟になってしまいます。とくに、口から入れるものは健康運に影響します。欠けていないお皿を使いましょう。

ものが壊れるときは、流れが変わるときでもあります。ものを捨てるときは、「今までありがとう」と感謝して、じっくり吟味して新調しましょう。こだわって買ったもの、気に入ったものを使うことで運気はアップしていきます。

居心地いい暮らしのなかで大切な3つのこと

家の気を整えるのと同時に意識してほしいのが、あなた自身の気を安定させることです。そのために、おすすめしているのが、「あいさつ」と「運動」、そして「自分を褒める」ことです。

朝起きて、なにも言葉を発さないとそれだけで気は下がっていきます。相手から返事がなくても、「おはよう」と口に出すことが大切です。日常のあいさつは自分の思いを言葉にする練習。つい言いすぎてしまったとき、八つ当たりしてしまったとき、すぐに「ごめんね」と口にするには、普段から言い慣れておく必要があります。子どもの頃、親に否定をされて育った人は自分の思いを言葉にするのが苦手です。心当たりのある人は日々のあいさつから意識して。

2つ目の運動ですが、運動は「運」を「動かす」と書きますよね。体を動かさないと血流が悪くなり、肩こりや頭痛の原因となります。気の流れも同じ。体を動かすことで気の流れが循環し始めます。

3つ目が自分で自分を褒める、ということです。私は寝る前、「今日もよくやったね」と自分で自分を褒めることを日課にしています。大人になると人から褒められることがなくなります。仕事も家事もちゃんとやって当たり前と思われがちですが、一生懸命頑張ったのだから評価されるべき！　自分をちゃんと評価してあげましょう。自分を認められると気持ちにゆとりができ、人のいいところを見つけることができます。人を褒めることも開運につながります。

運を上げていくには、あなた自身と生活の基盤となる家が整っていることが前提となります。日々をていねいに生きることで運気は確実に変わっていきます。

ものを捨てると運気が上がる理由

家をきれいに保つことが大切というお話をしました。でも、使わないものを物置や納戸に隠して、とりあえず見えるところだけをきれいにしても気を整えることはできません。見えないところに隠して取りつくろっていると、人生もその場しのぎになってしまいます。

ものも呼吸をしています。ぎっしりと洋服を詰め込んだクローゼットやあふれるまでものを押し込んだ物置のなかは、気の循環が悪くなります。人混みのなかにいると息苦しくて、次第にイライラしたり、ボーッとしてしまうように、ものが多すぎると気が停滞して空気がよどみ、やる気が削がれていきます。

鑑定をしていて感じるのが、うまくいっていない人はものを溜め込みやすく、そして人間関係があまり上手ではない、ということです。自分を傷つける人や気の合わない人とうまく距離が取れなかったり、「仕方ない、あの人はそういう人だから」と割り切ることができなかったり。結果、人とのかかわり方でいつも思い悩んでしまう。

最近はあまりやっていませんが、一時期、鑑定とカウンセリングの一環として、家のなかの片づけを手伝っていたことがあります。必要なのか、不要なのかをその場で判断してもらい、不要なものをどんどんゴミ袋に入れていくのです。みなさん、最初はなかなかふんぎりがつけられないのですが、しばらくすると判断が早くなり、どんどん捨てられるようになっていきます。捨てることに慣れ、スッキリとシンプルに生きる気持ちよさを知るからです。
日々、私たちは大なり小なり、さまざまな選択をして生きています。自分にとって大切なのか、必要なのか――。ものを片づけることは、そうした自分にとっての優先順位をつける練習です。過去とさようならをして、未来志向になっていく、開運のきっかけにもなるんですね。
ものを捨てる作業は、別の気づきも与えてくれます。残すか捨てるか、一つひとつ考えていくなかで、どうしてものが溜まってしまうのかがわかってきます。ストレスを発散するために、欲しくもないものをなんとなく買っているのか。小さい頃に我慢を強いられた反動でつい余計に買ってしまうのか。自分のクセが見えてきます。クセは直すことができます。
また、大きく膨れたゴミ袋を見て、いかに無駄なことにお金を使ってしまったのか気づくこともあるでしょう。ものを捨てるということは、それを買うために使ったお金を捨てることでもあります。思い切って、ものを処分すると、その先の無駄づかいが減ります。
溜め込みがちだという自覚がある人は、ものを捨てていきましょう。一人ではものを捨てられないなら、月のリズムに合わせて処分するといいですよ。満月の日から捨て始め、新月にかけていらないものを手放していくのです。満月には「実り」や「完了」という意味があります。ひとつ区切りがつくタイミングですから、気持ち的に思い切りやすいですし、いらないものを手放して新しいスペースを確保すると、いいものを取り込んでいくことができます。

できれば避けたい家相と対処法

昔から「鬼門に水回りはダメ」「西の台所は金運が下がる」などといいます。でも、現在はマンションに住む方が多いですし、限られたスペースのなかで間取りが組まれていきますから、完璧な家相の家にすることはとても難しいでしょう。また家相や運気を意識しすぎて、暮らしにくい不便な家になってしまったら本末転倒。気の流れが下がってしまいます。

最高の家相を目指すより、悪い家相を避け、運気を下げないことが現実的です。住んでいて気持ちのいい家と開運のバランスをうまく取っていきましょう。ここでは、運気を下げてしまう、できれば避けたい家相とその対策をご紹介します。

●鬼門の水回り

「鬼門の水回り」について改めて説明しておきましょう。鬼門は日本独自の考え方で「鬼（邪気）の出入りする方位」のこと。北東がその方位にあたります。北東とその反対の南西（裏鬼門）をつなぐ鬼門ラインに水回りをつくってはいけない、昔からそういわれてきました。

ただ、どうしてもそこに台所や浴室、洗面所をつくらなくてはならない場合はありますし、マンションでは変えようがありません。そのときは、観葉植物や水晶などの浄化アイテムを置いて対処しましょう。盛り塩も悪くはありませんが、きちんと定期的に取り換えてください。
鬼門ラインにはものをたくさん置かず、常に清潔に保てば、大きな問題はありません。

・家の向き

家のなかに差し込む光がどちらから入ってくるのかは、家相的にはとても大切です。マンションなどの集合住宅では、いちばん大きな窓がどちらを向いているかで判断します。理想は東から朝日が入り、日中、南からの光が入る家です。昼間でも日が差し込まない部屋はパワー不足になりがち。できるだけ照明を明るくして、暗さを感じないようにしましょう。

そして、西からの日はできるだけ当たらないようにしてください。西日の入る部屋は午後に日が入り、冬場はあたたかいと好む人もいるようですが、家相的にはおすすめできません。西日しか入らない部屋で過ごすと、やる気やお金が奪われていきます。遮光することが対策になりますが、それでも西向きの部屋はおすすめしにくいのが正直なところです。

家相の悪い家に住んでいても、ほとんどの人は実感などないでしょう。多少、気になったとしても毎日生活していると慣れていきます。ただ、慣れほどこわいものはなく、気づかないうちにゆっくりと運気がダウンしていきます。よく寝てご自身を浄化したり、方位取りをするなどして、エネルギーを補ってください。

こだわりたい寝室の方位

家相で運気を上げていくために、ぜひ、こだわりたいのが寝室の方位です。深い眠りに落ちているときは、体だけでなく脳も休んでいます。睡眠中は思考が完全に止まり、生まれたままのナチュラルな存在に戻っています。人間はもともと幸せになるために生まれてきた存在。つまり、寝ている間はただただ幸せを求めるフラットな状態にあるわけです。このとき、最高に気のバランスがよくなります。

寝ている間は魂の浄化時間であり、人生を整えるための「作戦会議」が行われます。睡眠が不十分だと、その作戦会議ができないので人生はうまくいきません。逆に、質のいい眠りをきちんととれると、直感力が上がっていきます。眠ることは運と直結しているのです。

自分と相性のいい方位に寝たほうが居心地はよく、断然、開運効果が上がります。運気が上がる寝室の方位は、生まれ年と性別によって変わります。40ページのグループ早見表から自分がどのグループに属するのかを確認し、寝室に最適な方位をチェックしてください。

方位は家の中心から方位磁石やスマホのコンパスで測って確認します。家のなかの吉方位にあたる部屋を寝室にして、さらにその部屋のなかでの吉方位に枕を向けて寝るのがベスト。間取りの都合で、家のなかの吉方位に寝室をとれないときは、寝室内の吉方位にあたる場所にベッドを配置します。それも難しい場合は、枕の向きだけでもいいので合わせてください。

そして、大凶方位で寝るのは極力避けてください。その方位の部屋で過ごす時間も、なるべく減らすことをおすすめします。

寝室の吉方位にも、パワーをもらえる方位、健康にいい方位、心と体のバランスが取れる方位、癒される方位とあります。体調を崩して安静が必要な人がパワーアップの方位を取ってしまうと体が休まりません。自分の状態や望みに合わせて、どの方位で寝るかを決めてください。

一緒に寝たい相手がいる場合は、運を上げたい人に合わせましょう。わが家でも家族みんなの開運をしているのに、なかなか夫の運気だけが上がらないという時期がありました。なぜだろうと調べ直してみると、寝室の場所が私にとっては吉方位だったのですが、彼にとって大凶方位だったのです。

互いの大凶方位を避けながら、週の半分は夫にいい方位、残りの半分は妻にいい方位に分けるといった工夫もできるかもしれません。

方位取りや引っ越しにいい吉方位とこの寝室の方位と、自分に合った方位がいくつもあって混乱するかもしれません。66ページからの「１０８タイプ別診断」での方位は九星気学から導き出した「大切にすべき方位」で、一方、寝室の方位は風水で鑑定しています。たとえば、あなたの「大切にすべき方位」が北西で、寝室のNG方位も北西だった場合、寝室や枕の向きを北西にしなければ大丈夫です。

あなたにおすすめの寝室の方位は？

生まれ年と性別から、自分がどのグループに属しているのかを調べましょう。
グループごと、それぞれおすすめの寝室の方位を42 〜 43ページにまとめました。
エネルギーが欲しい人は「パワフル」、健康に気を使っている人は「ヘルス」、
心と体のバランスを取っていきたい人は「バランス」、
癒されたいのであれば「ヒーリング」と、状況や希望に合わせて方位を選んでください。

**※1月1日〜節分生まれの人は、前年のグループになります。
節分の日はその年によって変わるので注意しましょう。**

グループ早見表

生まれた年	男性	女性
昭和3年、12年、21年、30年、39年、48年、57年、平成3年、12年、21年、30年		
昭和4年、13年、22年、31年、40年、49年、58年、平成4年、13年、22年、31年（令和元年）		
昭和5年、14年、23年、32年、41年、50年、59年、平成5年、14年、23年、令和2年		
昭和6年、15年、24年、33年、42年、51年、60年、平成6年、15年、24年、令和3年		
大正12年、昭和7年、16年、25年、34年、43年、52年、61年、平成7年、16年、25年、令和4年		
大正13年、昭和8年、17年、26年、35年、44年、53年、62年、平成8年、17年、26年		
大正14年、昭和9年、18年、27年、36年、45年、54年、63年、平成9年、18年、27年		
大正15年（昭和元年）、昭和10年、19年、28年、37年、46年、55年、64年（平成元年）、平成10年、19年、28年		
昭和2年、11年、20年、29年、38年、47年、56年、平成2年、11年、20年、29年		

家のなかの方位の調べ方

家のなかの方位は、家の中心点から考えます。建物の張り（でっぱった部分）のスペースによって、中心点の出し方が変わりますので、注意をしてください。中心点を出したら、その地点に立って方位磁石やスマホのコンパスを使って方位を確認します。

※この調べ方は簡易的なものです。正確な方位を知りたい方は専門家にお尋ねください。

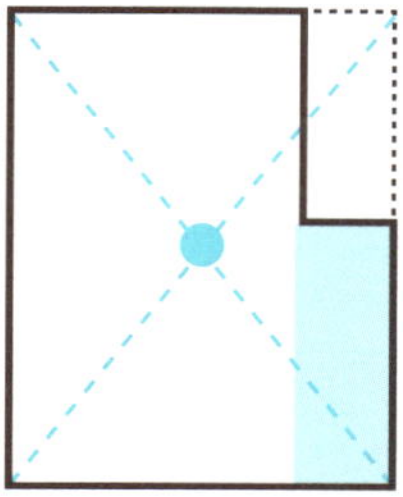

張りが3分の1以上の場合

張りが建物の一辺の3分の1以上ある場合は、張りを延長して四角形をつくり、その四隅から対角線上に線を引きます。交わったところが家の中心点。

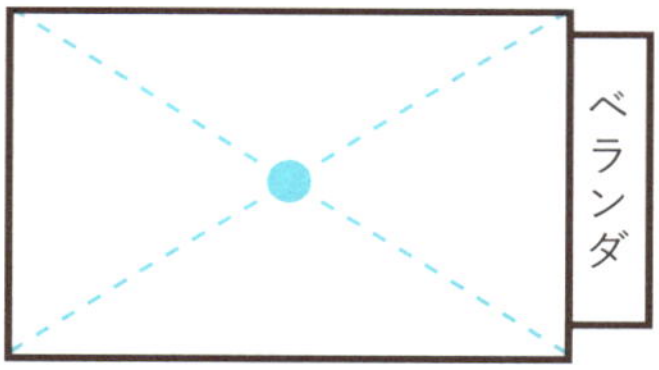

張りがない場合

家の四隅から対角線上に線を引き、交わったところが家の中心点。ベランダやデッキなどは含みません。

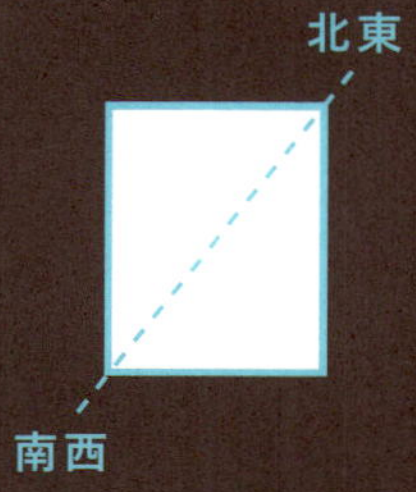

鬼門ラインとは？

鬼門（北東）とその反対の南西をつなぐラインのこと。このラインを常に清潔にしておくことが運気の安定には大切です。

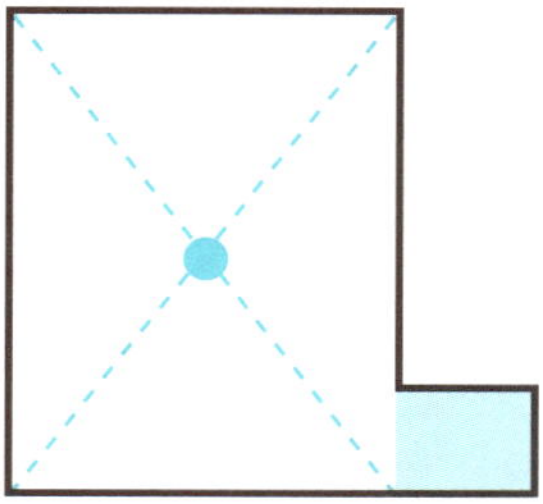

張りが3分の1未満の場合

張りが建物の一辺の3分の1未満の場合は、張りを除いた四角形にします。その四隅から対角線上に線を引きます。交わったところが家の中心点。

Check your Element!

グループ別・おすすめの寝室の方位

パワフル	北西
ヘルス	南西
バランス	北東
ヒーリング	西
NG	東

パワフル	北東
ヘルス	西
バランス	北西
ヒーリング	南西
NG	北

パワフル	南西
ヘルス	北西
バランス	西
ヒーリング	北東
NG	南東

パワフル	西
ヘルス	北東
バランス	南西
ヒーリング	北西
NG	南

エネルギーが欲しい人は「パワフル」、健康に気を使っている人は「ヘルス」、「心と体のバランスを取りたいなら「バランス」、癒されたい人は「ヒーリング」の方位で寝るのがおすすめ。

パワフル	北
ヘルス	南
バランス	東
ヒーリング	南東
NG	北東

パワフル	南
ヘルス	北
バランス	南東
ヒーリング	東
NG	西

パワフル	南東
ヘルス	東
バランス	南
ヒーリング	北
NG	南西

パワフル	東
ヘルス	南東
バランス	北
ヒーリング	南
NG	北西

どこまで運を上げたいか

方位取りや大吉転居、家相のお話をしてきましたが、最後に家の立地について、少し触れておきます。

家の場所としておすすめなのは、公園など緑が多い場所や風の流れのいいところ、きれいな水辺の近く。「気持ちがいいな〜」と思える場所は気の流れがよく、いい運気をおすそわけしてもらうことができます。

便利でにぎやかな繁華街が好きな方もいると思いますが、不特定多数の人が集まってさまざまな気が交わるところより、静かなエリアのほうがいいでしょう。

できれば避けたいのが、気の流れが速すぎて落ち着かない高速道路や線路の近く。線路や鉄塔の近くは電磁波の影響もあり、おすすめできません。斎場や救命救急センターのある大病院も運気を下げる建物です。これらの場所からは３００メートルくらいは離れておきたいです。

別の意味で、神社やお寺も、家の立地としては距離をおきたい建物といえます。神社やお寺はパワーがありすぎるので、一般の人はパワー負けしてしまうからです。

家のなかは観葉植物や水晶などの浄化アイテムを置いて、気の流れをよくできるのですが、家が建っている場所については、あまり対策がありません。将来的に引っ越す予定がある人は、新居選びの参考にしていただければと思います。

では、今住んでいる家があまりよくない場所にある、家相がよくないという人はどうしたらいいのでしょうか。開運によくないからという理由で、すぐに引っ越しができる方は多くないでしょう。住宅ローンが残っていたり、そもそも代々住んでいる家だったり。賃貸住宅だとしても、引っ越しとなれば手間もお金もかかります。

方位取りや大吉転居など、開運をしていくうえで忘れないでほしいのが、開運のためのアクションは日々の穏やかな生活があってこそ、ということです。

開運につながるからといって、収入以上のお金を旅行や引っ越しに使って、生活が厳しくなったら前向きに生きていくことなどできません。運気を上げることに必死になって、家族をほったらかしていたら、上がる運だって下がってしまいます。

開運をするにしても、現実の生活とのバランスを大切にしてください。

方位は裏切りません。家を整える。方位取りをする。大吉転居をする。手間をかければそのぶん、運は上がっていきます。ただ、どこまでやるかはご自身次第です。一足飛びに運を上げていくことはできません。小さなことを積み上げながら運気は上がっていくものです。時間はかかりますが、あきらめないで続けていきましょう。

すると不思議なことに、引っ越しをするきっかけが訪れたり、好条件での売却話がもちあがります。うそみたいだと思うかもしれません。でも、開運というのはそういうことなのです。

開運する旅行・引っ越しの方位と時期がわかる「吉方位表」

吉方位は、その人の生年月から導かれるもので、本命星と生まれ月によって異なります。また、毎年毎月変わります。次ページから、本命星と生まれ月ごとに2021年9月10日～2022年9月3日までの吉方位を表にして掲載していますので、開運旅行・引っ越しの参考にしてください（本命星は11ページの九星早見表で確認してください）。

吉方位表には、「吉方位」と「大吉方位」を記載しました。「吉方位」が出ている期間は、家から500キロまでの開運旅行は可能ですが、開運する引っ越しはできません。「大吉方位」が出ている期間は、引っ越しも500キロ以上の旅行も可能です。

方位取りの旅行は、遠距離になればなるほど開運パワーが大きくなります。ですから、「大吉方位」が出ている期間に500キロ以上の旅行ができると運を大きく上げられますが、そのチャンスは年に数回しかなく、かなり限られている、ということです。

一白水星2月生まれを例にとると、引っ越しと500キロ以上の旅行のチャンスは、「大吉方位」が出ている22年2月20日～3月3日の期間の「西」、22年5月10日～6月3日の「南東」、22年8月10日～9月3日の「東」「西」「北西」「南東」です。該当する時期に、示されている方位に引っ越しや旅行をすると運気が上がる、というわけです。

「吉方位」が出ているときは、示された方位への500キロまでの旅行で開運します。

なお、期間によっては方位が書いていない場合がありますが、その期間は方位取りの開運する旅行はできません。

※リスクを冒して開運行動を取るのは本末転倒です。
方位取りの旅行は、安心してできる状況のときに行いましょう。

【吉方位表の見方】

大吉方位

引っ越しと500キロ以上の旅行（海外含む）が可能です。

吉方位

500キロまでの旅行が可能です。（例：東京から鳥取市程度の旅行）

※誕生日が下記の期間に該当する方は、前月と当月の両方をご参照ください。

2月3日～5日、3月4日～6日、4月3日～5日、5月4日～6日、6月4日～6日、7月6日～8日
8月6日～8日、9月7日～9日、10月7日～9日、11月6日～8日、12月6日～8日、1月4日～6日

一白水星

大吉方位　吉方位

期間＼生まれた月	2月	3月	4月	5月	6月	7月	8月	9月	10月	11月	12月	1月
21年9月10日～10月3日	北	北	北	北	北			北	北	北	北	北
21年10月10日～11月3日		東	東	東		東	東	東	東		東	東
21年11月10日～12月3日	東・西		西 東	西 東	東・西		西 東	西 東	西 東	東・西		西 東
21年12月10日～22年1月3日	西	西		西	西	西		西	西	西	西	
22年1月10日～1月31日			南	南	南	南	南	南	南			南
22年2月20日～3月3日	北・南 西	西	西	北・南 西	北・南	北・南・西	北・南 西	北・南 西	北・南	北・南 西	西	西
22年3月10日～4月3日	北東		北東	北東		北東	北東	北東	北東	北東		北東
22年4月10日～5月3日	北東	北東		北東	北東	東	北東	北東	北東	北東	北東	
22年5月10日～6月3日	北・南 南東	北・南	北・南・南東	北・南 南東	南東	南東	北・南 南東	北・南 南東	北・南	北・南 南東	北・南	北・南・南東
22年6月10日～7月3日		南東		南東	南東	南東	南東	南東	南東		南東	
22年7月10日～8月3日		東	東	東		東	東	東	東		東	東
22年8月10日～9月3日	東・西・北西・南東	北西 南東	東・西	東・西・北西・南東	東・西	北西 南東	東・西・北西・南東	東・西・北西・南東	東・西・北西・南東	東・西・北西・南東	北西 南東	東・西

二黒土星

大吉方位　吉方位

期間＼生まれた月	2月	3月	4月	5月	6月	7月	8月	9月	10月	11月	12月	1月
21年9月10日～10月3日												
21年10月10日～11月3日	西・北東	西・北東	西	北東	西・北東	西・北東	西・北東	北東	西	西・北東	西・北東	西
21年11月10日～12月3日	南 西	西	西	南・西	南	南 西	南 西	南・西	南	南 西	西	西
21年12月10日～22年1月3日	北東		北東	北東		北東	北東	北東	北東	北東		北東
22年1月10日～1月31日	北・南	北・南	北・南			北・南	北・南	北・南	北・南	北・南	北・南	北・南
22年2月20日～3月3日	北・東 南	北・南・東	北・南	北・東 南	東	東	北・東 南	北 南	北・東 南	北・東 南	北・南・東	北・南
22年3月10日～4月3日	東	東	東		東	東	東	東		東	東	東
22年4月10日～5月3日												
22年5月10日～6月3日	東・南東	南東	東	東・南東	東	南東	東・南東	東・南東	東・南東	東・南東	南東	東
22年6月10日～7月3日	南東 北西	南東 北西	南東 北西		南東 北西		南東 北西	北西・南東	南東 北西	南東 北西	南東 北西	南東 北西
22年7月10日～8月3日	西	西	西		西	西	西		西	西	西	西
22年8月10日～9月3日	南・西・北西	西・北西	西・北西	南・西・北西	南・北西	南・西	南・西・北西	南・西	南・北西	南・西・北西	西・北西	西・北西

三碧木星

大吉方位　吉方位

期間 ＼ 生まれた月	2月	3月	4月	5月	6月	7月	8月	9月	10月	11月	12月	1月
21年9月10日～10月3日	北東		北東	北東		北東	北東	北東	北東	北東		北東
21年10月10日～11月3日	**東**		**東**	**東**	**東**	**東**		**東**	**東**	**東**		**東**
21年11月10日～12月3日	北・南	北・南	北・南	北・南			北・南	北・南	北・南	北・南	北・南	北・南
21年12月10日～22年1月3日												
22年1月10日～1月31日												
22年2月10日～3月3日	東・西		東・西	東・西	東・西		東・西	東・西	東・西	東・西		東・西
22年3月10日～4月3日	北東 **南東**	南東	北東 **南東**	北東	北東 **南東**	北東	北東 **南東**	**南東**	北東・南東	北東 **南東**	南東	北東 **南東**
22年4月10日～5月3日												
22年5月10日～6月3日	西	西	西	西		西	西	西		西	西	西
22年6月10日～7月3日	北東		北東	北東		北東	北東	北東	北東	北東		北東
22年7月10日～8月3日	東		東	東	東	東		東	東	東		東
22年8月10日～9月3日	**北・南・南東**	**北・南**	**北・南・南東**	**北・南・南東**	**南東**	**南東**	**北・南・南東**	**北・南・南東**	**北・南**	**北・南・南東**	**北・南**	**北・南・南東**

四緑木星

大吉方位　吉方位

期間＼生まれた月	2月	3月	4月	5月	6月	7月	8月	9月	10月	11月	12月	1月
21年9月10日～10月3日	北	北	北	北	北			北	北	北	北	北
21年10月10日～11月3日	**北東**	**北東**	**北東**	**北東**	**北東**		**北東**	**北東**		**北東**	**北東**	**北東**
21年11月10日～12月3日	北・南・東	北・南	北・南・東	北・南・東	北・南・東	北・南	北・南・東	東	東	北・南・東	北・南	北・南・東
21年12月10日～22年1月3日												
22年1月10日～1月31日												
22年2月10日～3月3日	北西・南東	北西・南東	北西・南東	北西・南東	北西・南東		北西・南東		北西・南東	北西・南東	北西・南東	北西・南東
22年3月10日～4月3日	南東	南東	南東	南東	南東	南東		南東		南東	南東	南東
22年4月10日～5月3日	北東	北東		北東	北東		北東	北東	北東	北東	北東	
22年5月10日～6月3日	西	西		西	西	西	西		西	西	西	
22年6月10日～7月3日												
22年7月10日～8月3日												
22年8月10日～9月3日	**北・南・東**	**北・南**	**北・南・東**	**北・南・東**	**北・南・東**	**北・南**	**北・南・東**	**東**	**東**	**北・南・東**	**北・南**	**北・南・東**

五黄土星

大吉方位　吉方位

期間＼生まれた月	2月	3月	4月	5月	6月	7月	8月	9月	10月	11月	12月	1月
21年9月10日～10月3日		南	南	南	南	南	南	南			南	南
21年10月10日～11月3日	**西・北東**	**西・北東**	**北・西**	**北・北東**	**北・西・北東**	**北・西・北東**	**北・西・北東**	**北・北東**	**北・西**	**西・北東**	**西・北東**	**北・西**
21年11月10日～12月3日	南 **西**	**西・北東**	北東 **西**	南・西	南 **北東**	南 **西・北東**	南 **西・北東**	南・西 **北東**	南・北東	南 **西**	**西・北東**	北東 **西**
21年12月10日～22年1月3日	**北東**	東 **西**	東・北東 **西**	東・西 **北東**	東 **西**	**北東**	東 **西・北東**	東・西 **北東**	東・北東 **西**	**北東**	東 **西**	東・北東 **西**
22年1月10日～1月31日	北・南	北・南	南 **北**			南 **北**	南 **北**	南 **北**	南 **北**	北・南	北・南	南 **北**
22年2月20日～3月3日	北・東 **南**	北・南・東	北・南	北・東 **南**	東	東	北・東 **南**	北 **南**	北・東 **南**	北・東 **南**	北・南・東	北・南
22年3月10日～4月3日	東	東・南東 **北西**	東	南東 **北西**	東・南東 **北西**	東・北西・南東	東・南東 **北西**	東・北西・南東	南東 **北西**	東	東・南東 **北西**	東
22年4月10日～5月3日		東 **西**	東 **西**	東 **西**		東 **西**	東 **西**	東 **西**	東・西		東 **西**	東 **西**
22年5月10日～6月3日	東・南東	南東	東	東・南東	東	南東	東・南東	東・南東	東・南東	東・南東	南東	東
22年6月10日～7月3日	南東 **北西**	南・南東 **北西**	南・南東 **北西**	**南**	南東 **南・北西**	**南**	南東 **南・北西**	北西・南東 **南**	南東 **北西**	南東 **北西**	南・南東 **北西**	南・南東 **北西**
22年7月10日～8月3日	**西**	**西**	北 **西**	北	北・西	北 **西**	北 **西**	北	北・西	**西**	**西**	北 **西**
22年8月10日～9月3日	**南・西・北西**	**西・北西**	**西・北西**	**南・西・北西**	**南・北西**	**南・西**	**南・西・北西**	**南・西**	**南・北西**	**南・西・北西**	**西・北西**	**西・北西**

六白金星

大吉方位　吉方位

期間＼生まれた月	2月	3月	4月	5月	6月	7月	8月	9月	10月	11月	12月	1月
21年9月10日～10月3日	南・北東	南	北東	北東	南	南・北東	南・北東	南・北東	南・北東	南・北東	南	北東
21年10月10日～11月3日	北・西	北	北・西	西	西	北・西	北	北・西	北・西	北・西	北	北・西
21年11月10日～12月3日	北東 北・西	西・北東 北	北東 北	北 西	北東 西	北東 西	西 北	北東 北	北東 北・西	北東 北・西	西・北東 北	北東 北
21年12月10日～22年1月3日	北東	北東	北東	北東		北東	北東		北東	北東	北東	北東
22年1月10日～1月31日	南 北	南 北	南 北	北・南	北・南	南 北			南 北	南 北	南 北	南 北
22年2月10日～3月3日	南東	南東		南東		南東	南東	南東	南東	南東	南東	
22年3月10日～4月3日	東・北西	東・北西	北西	東	東・北西	東	北西	東・北西	東・北西	東・北西	東・北西	北西
22年4月10日～5月3日	東 西	東 西	東・西		東 西	東 西	東 西		東 西	東 西	東 西	東・西
22年5月10日～6月3日	南東	南東	南東	南東	南東		南東		南東	南東	南東	南東
22年6月10日～7月3日	南 北東	南	北東	北東	南	南 北東	南・北東	南 北東	南 北東	南 北東	南	北東
22年7月10日～8月3日	北・西	北	西 北	西	西	北 西	北	西 北	北・西	北・西	北	西 北
22年8月10日～9月3日	北・西	北・西	北	北・西	西	西	北・西	北	北・西	北・西	北・西	北

七赤金星

大吉方位　吉方位

期間＼生まれた月	2月	3月	4月	5月	6月	7月	8月	9月	10月	11月	12月	1月
21年9月10日～10月3日	南・北東	南・北東	南・北東	南・北東	南	北東	北東	南	南・北東	南・北東	南・北東	南・北東
21年10月10日～11月3日	北	北・西	北・西	北・西	北	北・西	西	西	北・西	北	北・西	北・西
21年11月10日～12月3日	北	北東 北	北東 北	北東 北	北東 北	北東 北	北	北東	北東	北	北東 北	北東 北
21年12月10日～22年1月3日	東・西	東 西		東 西	東・西	東 西		東 西	東 西	東・西	東 西	
22年1月10日～1月31日												
22年2月10日～3月3日	南東	南東	南東	南東	南東		南東		南東	南東	南東	南東
22年3月10日～4月3日	北西	東 北西	東・北西	東 北西	東・北西	北西	東	東 北西	東	北西	東 北西	東・北西
22年4月10日～5月3日												
22年5月10日～6月3日	東・西	東・西		東・西	東・西	東・西	東・西		東・西	東・西	東・西	
22年6月10日～7月3日	南・北東	南・南東 北東・北西	南 北東	南・南東 北東・北西	南・北西・南東	南東 北東・北西	北東・南東 北西	南・南東 北西	南・南東 北東・北西	南・北東	南・南東 北東・北西	南 北東
22年7月10日～8月3日	北	西 北	西 北	西 北	北	西 北	西	西	北・西	北	西 北	西 北
22年8月10日～9月3日	北・北西	北・北西	北	北・北西	北	北・北西	北・北西	北西	北西	北・北西	北・北西	北

八白土星

大吉方位　吉方位

期間＼生まれた月	2月	3月	4月	5月	6月	7月	8月	9月	10月	11月	12月	1月
21年9月10日～10月3日		南	南	南	南	南	南	南			南	南
21年10月10日～11月3日	北東	北東	北	北・北東	北・北東	北・北東	北・北東	北・北東	北	北東	北東	北
21年11月10日～12月3日	南・西	西	西	南・西	南	南・西	南・西	南・西	南	南・西	西	西
21年12月10日～22年1月3日	北東	東・西	東・西・北東	東・西 北東	東・西	北東	東・西 北東	東・西 北東	東・西・北東	北東	東・西	東・西・北東
22年1月10日～1月31日												
22年2月20日～3月3日	北・東 南	北・南・東	北・南	北・東 南	東	東	北・東 南	北 南	北・東 南	北・東 南	北・南・東	北・南
22年3月10日～4月3日		南東 北西		南東 北西	南東 北西	北西・南東	南東 北西	北西・南東	南東 北西		南東 北西	
22年4月10日～5月3日		東 西	東 西	東 西		東 西	東 西	東 西	東・西		東 西	東 西
22年5月10日～6月3日	東・南東	南東	東	東・南東	東	南東	東・南東	東・南東	東・南東	東・南東	南東	東
22年6月10日～7月3日		南	南	南	南	南	南	南			南	南
22年7月10日～8月3日			北	北	北	北	北	北	北			北
22年8月10日～9月3日	南・西・北西	西・北西	西・北西	南・西・北西	南・北西	南・西	南・西・北西	南・西	南・北西	南・西・北西	西・北西	西・北西

九紫火星

大吉方位　吉方位

期間＼生まれた月	2月	3月	4月	5月	6月	7月	8月	9月	10月	11月	12月	1月
21年9月10日～10月3日	南 / 北	南 / 北			北・南	南 / 北	南 / 北	南 / 北	南 / 北	南 / 北	南 / 北	
21年10月10日～11月3日	北・東・西	北	北・東・西	東・西	東・西	北・東・西	北	北・東・西	北・東・西	北・東・西	北	北・東・西
21年11月10日～12月3日	北東 / 東	東・北東	北東	東	北東 / 東	北東 / 東	東	北東	北東 / 東	北東 / 東	東・北東	北東
21年12月10日～22年1月3日	東	東	東		東	東	東	東		東	東	東
22年1月10日～1月31日	北	北	北	北	北	北			北	北	北	北
22年2月10日～3月3日	北西	北西		北西		北西	北西	北西	北西	北西	北西	
22年3月10日～4月3日	東・北東	東	北東	北東 / 東	東・北東	東・北東	北東	東	東・北東	東・北東	東	北東
22年4月10日～5月3日	西 / 北東	西 / 北東	西	北東	西 / 北東	西 / 北東	西・北東	北東	西	西 / 北東	西 / 北東	西
22年5月10日～6月3日	北・南			北・南	北・南	北・南	北・南	北・南	北・南	北・南		
22年6月10日～7月3日	南・北西	南・北西	北西	北西	南・北西	南・北西	南	南・北西	南	南・北西	南・北西	北西
22年7月10日～8月3日	北・西 / 東	北	北・東・西	西 / 東	西 / 東	北・西 / 東	北	北・東・西	北・西 / 東	北・西 / 東	北	北・東・西
22年8月10日～9月3日	東・南東	東	南東	東・南東	東・南東	東・南東	東・南東	南東	東	東・南東	東	南東

旅行・引っ越しはNG!! 大凶方位

大凶方位に行くと、悪いことが起きやすくなります。近場の日帰り旅行程度なら問題ありませんが、引っ越しと直線距離100キロ以上の旅行、30日以上の長期滞在は絶対に避けてほしいです。大凶方位への旅行は、距離が遠くなるほど運気が下がるとされ、海外に行くと3～4年は悪い運気を引きずります。また、大凶方位に引っ越してしまうと、引っ越しし直さない限り悪い運気を引っ張ってしまいます。

大凶方位は全員共通で、年ごとと月ごとの大凶方位があります。「暗剣殺」「五黄殺」「歳破・月破」「土用殺」という種類があり、とくに暗剣殺、五黄殺の方位はかなり運気を下げるので、できるだけ行かないでください。

暗剣殺

いろいろな物事が必ずうまくいかなくなる方位。「暗闇で剣によって殺される」という字のとおり、第三者から突発的なトラブルをくらうことが増える。交通事故ならもらい事故に遭ったり、仕事なら人の失敗の責任を負うことになったり。人が迷惑をかけてくる、巻き込まれるといった不運に遭いやすくなる。

五黄殺

「自分から腐っていく」という意味があり、自らの判断ミスによる失敗が増える方位。自分が原因で物事がうまくいかないことが多くなるため、いじけてしまい、周囲から"面倒くさい人"と思われるような事態になりやすい。

土用殺

年に4回ある、土用期間だけ適用する特別な方位。五黄殺と同じく自爆型の不運に見舞われやすくなり、運気も五黄殺に匹敵するほど下がる。

歳破・月破

思ったように物事が進まないことにより、精神的なダメージを受ける方位。

【2021年9月～2022年1月の大凶方位】

大凶方位	種類
北西	暗剣殺
南東	五黄殺
南西	歳破

【2022年2月～2023年1月の大凶方位】

大凶方位	種類
南西	歳破

悪い方位が少ない2022年は引っ越しの大チャンス!

※誕生日が下記の期間に該当する方は、前月と当月の両方をご参照ください。

2月3日～5日、3月4日～6日、4月3日～5日、5月4日～6日、6月4日～6日、7月6日～8日、8月6日～8日、9月7日～9日、10月7日～9日、11月6日～8日、12月6日～8日、1月4日～6日

【月ごとの大凶方位（2021年9月〜2022年9月）】

	大凶方位	種類
2021年9月7日頃〜10月7日頃	西	暗剣殺
	東	五黄殺
	東	月破
2021年10月8日頃〜11月6日頃	北西	暗剣殺
	南東	五黄殺
	南東	月破
2021年10月20日頃〜11月6日頃	北西	土用殺
2021年11月7日頃〜12月6日頃	南東	月破
2021年12月7日頃〜2022年1月4日頃	南東	暗剣殺
	北西	五黄殺
	南	月破
2022年1月5日頃〜2月3日頃	東	暗剣殺
	西	五黄殺
	南西	月破
2022年1月17日頃〜2月3日頃	北東	土用殺
2022年2月4日頃〜3月4日頃	南西	暗剣殺
	北東	五黄殺
	南西	月破
2022年3月5日頃〜4月4日頃	北	暗剣殺
	南	五黄殺
	西	月破
2022年4月5日頃〜5月4日頃	南	暗剣殺
	北	五黄殺
	北西	月破
2022年4月17日頃〜5月4日頃	南東	土用殺
2022年5月5日頃〜6月5日頃	北東	暗剣殺
	南西	五黄殺
	北西	月破
2022年6月6日頃〜7月6日頃	西	暗剣殺
	東	五黄殺
	北	月破
2022年7月7日頃〜8月6日頃	北西	暗剣殺
	南東	五黄殺
	北東	月破
2022年7月20日頃〜8月6日頃	南西	土用殺
2022年8月7日頃〜9月7日頃	北東	月破

PICK UP COLUMN 02

運気を上げる「家相TIPS」

運気を上げる、家相・インテリア風水のアイデアをご紹介！
どれも、すぐに実践できることばかりです。
大きな幸運を引き寄せるためには、
小さなことの積み重ねを大切にしてくださいね。

気の入り口となるのが玄関。靴を出しっぱなしにしないで常にスッキリを意識して。玄関マットは質のいいものを使いましょう。

玄関から入って正面に鏡を置くと気を跳ね返してしまいます。また、人形やぬいぐるみはよい気を吸い取ってしまうので、玄関に飾るのはおすすめできません。

テレビの配置は見る人が東や南を向く位置に。東からは新しいアイデアが、南からは役立つ情報が得られます。

冷蔵庫に家族や友達の写真を飾ると、関係が冷えてしまいます。マグネットなどの飾りは表のドアよりも側面に。

時計は北以外の方位に置きましょう。北に置くと、時間に追われる生活になってしまいます。

丸い葉っぱの観葉植物、角の取れた丸いデザインのラグやテーブルは円満な人間関係をつくるのに◎。

デスクの配置は目的別に。集中力を高めたいときは北向き、発想力を上げたいときは南向き、新しいことへ挑戦するときは東向きに。

ドライフラワーやプリザーブドフラワー、造花を飾るのは×。生花を飾るのは開運効果がありますが、枯れ始めたら感謝して処分を。

PART 2

PAGE 059-178

あなたに合った
開運法がわかる
「108タイプ別診断」

宿命に寄り添うということ

方位・家相と並ぶ、村野流開運術の柱のひとつが「宿命どおりに生きる」ということです。人はこの世に生を受けたとき、どういう性格でどういう運命なのかが決められています。それを「宿命」といいます。たとえるなら一人ひとりの基本設計図です。それを診断したのが66ページからの「１０８タイプ別診断」です。

これを見て、「すごい当たっている！」という人もいれば、「なにこれ？　全然違う」という人もいるでしょう。人には「理想の自分」がありますし、自己像と他人からの評価が違うことはよくあることです。自分で自分のことはよくわからないものです。本音を出せるパートナーや親友に「どう思う？」と聞いてみるといいでしょう。

自分の宿命と現在の性格が一致する人は、すでになかなか運気がいい人です。自分の適正に合っている職種に就いていれば努力が実りやすく、成功する確率は格段にアップします。運は単一ではなくまとまって上がりますから、仕事で成功すれば、恋愛・結婚、金運も上がります。

逆に、１０８タイプ別診断とまったく違う！　全然当たってない！　という人は、宿命から外れた生き方をしている、ということです。人格形成の7割が環境、3割が宿命といわれています。どんな親のもとで育ったか、どんな人との出会いがあったかなどによって、今のあなたがつくられているわけですから、設計図どおりでないとしても不思議ではありません。

108タイプのなかには、大人になってから性格が大きく変わる人もいます。変化は20〜30代に起こるのですが、こうした性格が変わるタイプの人はさらに、自分のことがよくわからなくなってしまい、宿命からズレやすい傾向があります。

また、過去に大凶方位へ引っ越しをするなど、方位や家相の影響によって宿命から外れた生き方になってしまうことも少なくありません。

ただ、確実にいえるのが、もって生まれた宿命どおりに生きると運気は上がる、ということ。そして、格段に生きやすくなるということです。

宿命から外れた生き方は、たとえるなら、馬が水中を泳いでいるようなものです。前に進むことはできるけれど、陸上を疾走するようにはいきません。宿命とは違う生き方をしている人はそれに気づいていませんから、苦しさに無自覚です。でも、本来の設計図どおりに生きると、びっくりするほど楽になります。

残念ながら宿命に逆らって努力をしても、結果はなかなかついてきません。頑張りが空回りしてストレスになったり、成果が出なくて心折れてしまったり。いずれもバランスを崩すきっかけになってしまいます。運気を上げていくためにも、宿命に合った生き方をおすすめします。

もちろん、これまでの生き方を否定するわけではありません。人生をリセットしろといっているわけでもありません。宿命とズレていても「私は今の仕事が生きがいです！」「この道で生きていきます」という人はそれでいいのです。人生は自分で選択するものですから。

ただ、今の自分になにかしっくりきていないとか、満たされないとか、正直しんどい、という状態であるなら、宿命に寄り添ってみることをおすすめします。

以前、相談にこられた女性で、専業主婦をしている今の生活がつらいという方がいました。この方は本来、頑張って達成感を覚えることで運気が上がる宿命だったのです。そこで私は、彼女の家事に対して夫に対価を出してもらうようアドバイスをしました。一回あたりわずか数百円の報酬ですが、家事に対して張り合いができ、毎日楽しく過ごせるようになったそうです。「そんなことで!?」と思うかもしれませんが、意外と小さな工夫で調整できるものです。

もともとはパワフルに生きる宿命だったとわかれば、そのパワーをもて余さないよう、スポーツでも副業でも趣味でも、なにか打ち込めることを見つければいい。

じつは穏やかに過ごすことに幸福感を感じる宿命ならば、忙しい日々のなか、意識的にリラックスできる場所や時間をつくる。そんなふうに考えていってください。

理想の子育てよりも、宿命に合った子育てを

お子さんのいる方はどうか、お子さんの宿命に合った子育てをしてください。元気でヤンチャな子に手を焼いている方もいれば、わが子の個性が強すぎて、なにを考えているのか理解

できず悩んでいる方もいるでしょう。

必要なしつけはありますが、個性やパワーを一方的に抑えつけることなく、受け入れてあげてください。幼少期、いちばん認めてもらいたいお父さん・お母さんから否定された子どもは、自分を隠すクセがつきます。それは、生涯にわたって生きづらさを抱えることにつながります。私にも2人の子どもがいますから、親の「こんな子に育ってほしい」という願いはよくわかりますし、世間でいう〝理想の子育て〟をしていた時期もあります。でも、占いの勉強をして、改めました。自分と子どもたちの宿命に合わせた子育てをするようにしたのです。

宿命では、私は白黒ハッキリしなくては気が済まない人間です。自分でもがむしゃらに頑張るタイプで、かつては、頑張らない人が許せないところがありました。事業を再建しようと必死だった頃、娘がのんびりしているのを見てはイライラ。ガミガミ言って互いにプンスカと関係が悪くなってしまう。そんなことがたびたびありました。

でも今は、子どものテスト期間中などはあえて距離を取り、仕事をたくさん入れるようにしています。子どもの大変な時期にそばにいてあげたい気持ちはありますが、一緒にいるとどうしてもいろいろ言いたくなってしまう。娘は人に干渉されるのが大嫌い。だとしたら、顔を合わせないほうがお互いにとっていいわけです。

宿命に合わせた子育ては、子どもだけではなくあなたのためでもあります。子育てがうそのように楽になりますよ。

108タイプ別診断の見方

11ページの九星早見表で、まずは自分の本命星を確認してください。
本命星×生まれ月であなたの宿命がわかります。

※九星気学は旧暦で見るので、1年は2月（立春）からスタートして1月は節分で終わります。
そのため、1月1日～節分までの生まれの人は前年の九星が本命星となります。
例：1945年1月5日生まれの人は、一白水星ではなく二黒土星です。

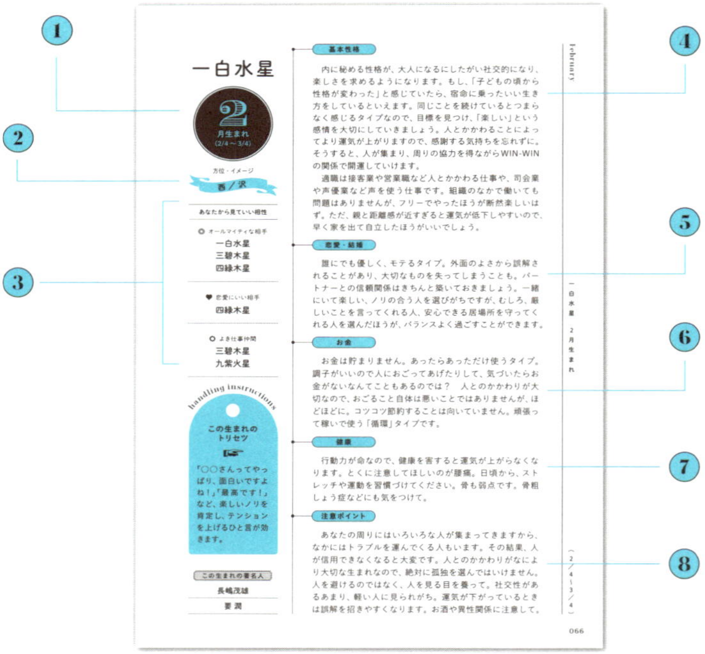

一白水星

2
月生まれ
(2/4～3/4)

方位・イメージ
西／沢

あなたから見ていい相性

◎ オールマイティな相手
一白水星
三碧木星
四緑木星

♥ 恋愛にいい相手
四緑木星

○ よき仕事仲間
三碧木星
九紫火星

handling instructions
この生まれのトリセツ
「〇〇さんってやっぱり、面白いですよね！」「最高です！」など、楽しいノリを肯定し、テンションを上げるひと言が効きます。

この生まれの著名人
長嶋茂雄
要潤

基本性格

内に秘める性格が、大人になるにしたがい社交的になり、楽しさを求めるようになります。もし、「子どもの頃から性格が変わった」と感じていたら、宿命に乗ったいい生き方をしているといえます。同じことを続けているとつまらなく感じるタイプなので、目標を見つけ、「楽しい」という感情を大切にしていきましょう。人とかかわることによってより運気が上がりますので、感謝する気持ちを忘れずに。そうすると、人が集まり、周りの協力を得ながらWIN-WINの関係で開運していけます。

適職は接客業や営業職など人とかかわる仕事や、司会業や声優業など声を使う仕事です。組織のなかで働いても問題はありませんが、フリーでやったほうが断然楽しいはず。ただ、親と距離感が近すぎると運気が低下しやすいので、早く家を出て自立したほうがいいでしょう。

恋愛・結婚

誰にでも優しく、モテるタイプ。外面のよさから誤解されることがあり、大切なものを失ってしまうことも。パートナーとの信頼関係はきちんと築いておきましょう。一緒にいて楽しい、ノリの合う人を選びがちですが、むしろ、厳しいことを言ってくれる人、安心できる居場所を守ってくれる人を選んだほうが、バランスよく過ごすことができます。

お金

お金は貯まりません。あったらあっただけ使うタイプ。調子がいいので人におごってあげたりして、気づいたらお金がないなんてこともあるのでは？　人とのかかわりが大切なので、おごること自体は悪いことではありませんが、ほどほどに。コツコツ節約することは向いていません。頑張って稼いで使う「循環」タイプです。

健康

行動力が命なので、健康を害すると運気が上がらなくなります。とくに注意してほしいのが腰痛。日頃から、ストレッチや運動を習慣づけてください。骨も弱点です。骨粗しょう症などにも気をつけて。

注意ポイント

あなたの周りにはいろいろな人が集まってきますから、なかにはトラブルを運んでくる人もいます。その結果、人が信用できなくなると大変です。人とのかかわりがなにより大切な生まれなので、絶対に孤独を選んではいけません。人を避けるのではなく、人を見る目を養って。社交性があるあまり、軽い人に見られがち。運気が下がっているときは誤解を招きやすくなります。お酒や異性関係に注意して。

february
一白水星　2月生まれ
（2/4～3/4）
066

1. 生まれ月

月頭（1日～7日前後）に生まれた方は、前の月の生まれになる場合があります。日付をよく確認してください。

2. 方位・イメージ

※北西／天など

あなたが大切にすべき方位と、その方位のもつイメージです。家のなかのその方位は、とくにきれいに保つと運気アップ。方位別の開運法は174ページ～をご参照ください。

3. あなたから見ていい相性

恋愛や結婚相手、本音を出し合う友人関係、仕事上の相棒など、深い関係になってからの相性がいい本命星を記しています。ここに記載してあるのはあなたから見て相性がいい星です。相手から見た相性も確認しましょう。あなたのページに気になるお相手の星があり、その相手の生まれのページにあなたの星があるなら、ベストパートナーといえるでしょう。

◎ オールマイティな相手

人として相性がよいと感じる相手です。恋愛・結婚やビジネス、友人関係など、どんな関係性でもストレスなくつきあえます。気を使わずにありのままの姿を見せることができ、“この人は自分をわかってくれる”と安心感を覚える相手。「会いたい」と思ったら相手のスケジュールもたまたま空いているなど、妙に「タイミングが合う」ことが多いはず。多少ぶつかることがあっても、大きな問題にはなりません。

♥ 恋愛にいい相手

基本的に相性のいい相手ですが、とくに恋愛相手として相性のよさを感じるはず。自分の弱い部分を見せられる、甘えられる相手。この相手には損得抜きに愛情をかけたくなるでしょう。

✿ よき仕事仲間

基本的に相性のいい相手ですが、とくに仕事仲間として相性のよさを感じるはず。一緒に仕事をするといい結果が出やすいです。一を言うと十わかってくれるので、無駄なストレスを感じず仕事に集中することができます。

4. 基本性格

もって生まれた性格や能力をもとに、得意なことや苦手なことなどの適性を診断しています。コミュニケーションの傾向や開運のポイントなども盛り込みました。

5. 恋愛・結婚

性格を踏まえて、本質的にはどんなタイプと相性がいいのかをベースに、向いている結婚生活のスタイルについても触れています。

6. お金

お金がある／なしでは判断していません。お金がたくさんあるから幸せ、というわけではないからです。ここでは、その人の宿命に合ったお金とのかかわり方をアドバイスしています。

7. 健康

性格から導いた体の不調が出やすい弱点を指摘しています。弱点なので、一度調子を悪くするとなかなか治りません。不調が出ないようにケアをしてください。

8. 注意ポイント

宿命的に陥りやすい、運気を大きく落としやすいポイントをアドバイスしています。

一白水星

2
月生まれ
(2/4～3/4)

方位・イメージ
西／沢

あなたから見ていい相性

◎ オールマイティな相手
一白水星
三碧木星
四緑木星

♥ 恋愛にいい相手
四緑木星

☼ よき仕事仲間
三碧木星
九紫火星

handling instructions

この生まれのトリセツ

「〇〇さんってやっぱり、面白いですよね！」「最高です！」など、楽しいノリを肯定し、テンションを上げるひと言が効きます。

この生まれの著名人
長嶋茂雄
要潤

基本性格

内に秘める性格が、大人になるにしたがい社交的になり、楽しさを求めるようになります。もし、「子どもの頃から性格が変わった」と感じていたら、宿命に乗ったいい生き方をしているといえます。同じことを続けているとつまらなく感じるタイプなので、目標を見つけ、「楽しい」という感情を大切にしていきましょう。人とかかわることによってより運気が上がりますので、感謝する気持ちを忘れずに。そうすると、人が集まり、周りの協力を得ながらWIN-WINの関係で開運していけます。

適職は接客業や営業職など人とかかわる仕事や、司会業や声優業など声を使う仕事です。組織のなかで働いても問題はありませんが、フリーでやったほうが断然楽しいはず。ただ、親と距離感が近すぎると運気が低下しやすいので、早く家を出て自立したほうがいいでしょう。

恋愛・結婚

誰にでも優しく、モテるタイプ。外面のよさから誤解されることがあり、大切なものを失ってしまうことも。パートナーとの信頼関係はきちんと築いておきましょう。一緒にいて楽しい、ノリの合う人を選びがちですが、むしろ、厳しいことを言ってくれる人、安心できる居場所を守ってくれる人を選んだほうが、バランスよく過ごすことができます。

お金

お金は貯まりません。あったらあっただけ使うタイプ。調子がいいので人におごってあげたりして、気づいたらお金がないなんてこともあるのでは？　人とのかかわりが大切なので、おごること自体は悪いことではありませんが、ほどほどに。コツコツ節約することは向いていません。頑張って稼いで使う「循環」タイプです。

健康

行動力が命なので、健康を害すると運気が上がらなくなります。とくに注意してほしいのが腰痛。日頃から、ストレッチや運動を習慣づけてください。骨も弱点です。骨粗しょう症などにも気をつけて。

注意ポイント

あなたの周りにはいろいろな人が集まってきますから、なかにはトラブルを運んでくる人もいます。その結果、人が信用できなくなると大変です。人とのかかわりがなにより大切な生まれなので、絶対に孤独を選んではいけません。人を避けるのではなく、人を見る目を養って。社交性があるあまり、軽い人に見られがち。運気が下がっているときは誤解を招きやすくなります。お酒や異性関係に注意して。

一白水星

3月生まれ
(3/5〜4/3)

方位・イメージ

北東／山

あなたから見ていい相性

◎ オールマイティな相手

二黒土星
四緑木星
五黄土星

♥ 恋愛にいい相手

一白水星

☼ よき仕事仲間

四緑木星
八白土星

handling instructions

この生まれのトリセツ

自分が必要とされていると思えると、安心感を覚えるタイプです。頼りにしていること、不安なときはそばにいることを伝えましょう。

この生まれの著名人

杉浦太陽

黒木 華

基本性格

一見、社交的に見えるけれど、じつは人見知りで簡単には本音を明かさない人です。人と長い時間一緒にいると、疲れてしまうこともあるのでは？　でも、あなたがいい運気の流れをつくるためには、人の力を借りていくことが必須。一人になる時間を確保しながら、尊敬できてなんでも相談できる人を見つけてバランスを取ってください。

幼い頃は活発で、自分から率先していろいろなことを決断するタイプだったかもしれません。しかし、大人になると人を支えることに喜びを覚えるようになります。仕事に関しても、人をサポートする立場のほうが本領を発揮できます。上昇指向を強くもち、頑張りすぎると35歳くらいから苦しくなってしまいます。人に頼る、甘えることを覚えると、運気はどんどん上がっていきますよ。

恋愛・結婚

パートナーを見つけて、家庭を大切にすると運気が上がります。しかし、優柔不断で決断力に欠けるところがあるので、タイミングを逃してしまうことも。あまり考えすぎず、気持ちのまま勢いで結婚してしまうのがいいかもしれません。同世代には頼りなさを感じる傾向がありますので、頼りがいのある年上の人のほうがいいでしょう。

お金

後先考えずに使ってしまうタイプ。節約上手でもありませんので、パートナーに管理を任せたほうがいいでしょう。その一方で家庭や子どものためには頑張ってしまうので、我慢のしすぎで苦しくなってしまうことも。節約しすぎると金運は落ちます。時には自分にご褒美を。バランスを整える術を身につけると金運も上がっていきます。

健康

気管支や扁桃腺など、のど周りに注意を。我慢強さが仇になって、手遅れになることがあるので、体調に異変を感じたらすぐに病院に行くようにしましょう。内に溜め込みすぎるため、歯の食いしばりや顎関節症にも注意してください。

注意ポイント

表面的には元気で明るく見えますが、甘え慣れていないので、つらいときに人に頼ったり、相談することが苦手。自分のストレスの吐き出し方がよくわかっていません。しかも、内に溜めているという自覚もなく、いろいろなことが手遅れになりがちです。無自覚かもしれませんが、人とずっと一緒にいると疲れてしまうので、一人になる時間を確保してください。そして言葉にも気をつけて！　たとえそれが正論でもタイミング次第では人を傷つけてしまいます。

一白水星

4月生まれ
(4/4〜5/4)

方位・イメージ

南／火

あなたから見ていい相性

◎ オールマイティな相手

二黒土星

よき仕事仲間

二黒土星
三碧木星

handling instructions

この生まれのトリセツ

人からどう見られているかを、とても気にする人です。評価できるところ、魅力的なところをきちんと指摘し、褒めるといいでしょう。

この生まれの著名人

常盤貴子

小泉進次郎

基本性格

幼少期は元気で愛嬌があって、とくに年上からかわいがられたあなた。その影響もあって大人になってもおおらかな性格だと思われがちですが、じつは細やかで譲れないなにかをもっている人です。そのため、周りから見た自分と自己像が一致せず、いつもなんとなく不満を抱いているかもしれません。頭の回転は速いですが、プライドの高さから失敗を恐れてチャレンジを避ける傾向があります。小さな成功体験を積み重ね、周囲からの評価を受けて達成感を味わうようにしていくと、運が開けるでしょう。

大人になると目上からの引き立ては期待できなくなりますし、協調性に欠けるので、年功序列の会社や公務員などの職はしんどいかも。難関資格を取って、自信をもって働ける仕事や企画立案、持ち前の美的センスをいかしたものづくりが向いています。コツコツと繰り返す根気のいる作業も厭わないので、その道で極めることもできます。

恋愛・結婚

容姿や職業などスペックの第一印象で選びがちですが大切なのは中身。飽きっぽいあなたは、中身がともなわない人を選んでもすぐにイヤになってしまいます。相性がいいのは、繊細さを理解して受け止めてくれる器が大きい人。自分磨きが開運につながりますので、外見を磨き、自信をもてるようになると素敵な人と出会えます。結婚後も社会とつながっていたほうが開運するタイプです。

お金

見栄っ張りなところがあり、お金は使います。でも、自分にお金をかけることは、むしろいいこと。地味に生きてはいけないタイプなので、ファッションでもなんでも自分に投資をして、同時に仕事を頑張って稼いでいきましょう。細かな節約をするより、断然、金運は上がります。

健康

脳梗塞や心筋梗塞など、突然起こる生死にかかわる大病に注意が必要です。若いうちから、日常的に運動をして、水分をしっかりとり、体調管理に気を配る習慣を身につけていきましょう。

注意ポイント

プライドが高く、周囲の目をいつも気にしてしまいます。自分の弱い部分を見せられず、強がってばかりいると周囲の協力を得ることができません。大きなことを成し遂げる可能性を潰してしまうことにもなります。人に嫌われたくないために、時にいい人になりすぎてしまうことも。イヤなこと、できないことはしっかり断りましょう。

一白水星

5
月生まれ
(5/5～6/4)

方位・イメージ

北／水

あなたから見ていい相性

◎ オールマイティな相手

三碧木星
七赤金星
九紫火星

♥ 恋愛にいい相手

三碧木星

✿ よき仕事仲間

七赤金星
八白土星

handling instructions

この生まれの
トリセツ

明るく見えがちですが、悩みの多い人です。「いつでも、話は聞くからね」と声をかけて、相談しやすい環境をつくってあげるといいでしょう。

この生まれの著名人

浜田雅功

日村勇紀（バナナマン）

基本性格

自由奔放で親を悩ませた、そんな子どもではありませんでしたか？　大人になると、それがうそのように決断力がなくなり、石橋を叩いて渡る慎重なタイプに変化します。自分の変化に戸惑っているかもしれませんが、受け入れることでどんどん開運していきます。

あなたはなにをやってもうまくこなす力があります。しかし、そつなくなんでもできるために、「便利な人」扱いされがち。そこから脱却することが大切です。柔軟性がありますので、環境が変わるとあなた自身、大きく変わります。そこそこできる自分に納得し、達観モードに入ってしまうと運気は落ちていきます。あえて厳しい環境に身を置いて刺激を受け、自分が進む道、ハマるものを見つけられると充実した楽しい人生を歩めます。

恋愛・結婚

比較的、誰とでもうまく関係を築けますが、同じ趣味や共通の話題があり、一緒に楽しめる友達のような関係を目指すといいでしょう。あなたにとって、性的な相性はとても大事。相手が淡白だと物足りなさを感じることも。30歳くらいまでに自分に合う相手を見つけられると、迷わず結婚できるでしょうが、年を重ねるにしたがい優柔不断になりますので、パートナー選びは難しくなるかもしれません。

お金

ほどほどに稼いで、ほどほどに貯めるというバランスのよさがあります。しかし、環境の影響を受けやすいので、親がお金で苦労したのを見ているとトラウマとなり、お金がないことや使うことに強い不安を覚えることも。お金と上手につきあっている人のそばにいると、うまくお金を回せるようになります。

健康

体は比較的丈夫です。しかし、体が強い人ほど、運の流れが悪くなったときの反動は大きくなります。病気になると重篤化しがちですので、体調管理を怠らないように。脳梗塞や心筋梗塞など、血圧がかかわる病気に注意を。

注意ポイント

柔軟性があるあまり自分がストレスに晒されていることに気づきません。心を癒す時間を意識的につくっていきましょう。ただ、忙しく充実した日々を過ごしているほうが、断然、運気はよくなります。ヒマになるとお酒やギャンブル、異性などにのめり込みトラブルを招きがちなので要注意。現在の居場所に不完全燃焼感があるようだったら、環境を変えましょう。

一白水星

6月生まれ
(6/5～7/6)

方位・イメージ
南西／地

あなたから見ていい相性

◎ オールマイティな相手
五黄土星
六白金星
八白土星

☼ よき仕事仲間
五黄土星
七赤金星

handling instructions

この生まれのトリセツ

気遣いが上手な人ですが、同時にストレスも感じています。一人を満喫できる時間をつくって、リフレッシュできるよう、距離感を意識して。

この生まれの著名人
ジョニー・デップ
ケンドーコバヤシ

基本性格

協調性があり、たくさんの人のなかでもストレスなく過ごせますし、良好な人間関係を築いていけるタイプです。表面的にはかわいらしく柔らかな印象をもたれますが、内側には絶対に譲らない頑固さを秘めています。

大人になるにつれ、自分で決めることが苦手になっていきます。自分が納得することが大切で、決断や行動にスピード感はないかもしれません。あなたにとっては「着実」であることが大切なので、焦る必要はありません。

広く浅い人間関係よりも、狭く深いつきあいを大切にすることをおすすめします。信頼できる人とより深い関係を築いていけると、助けを得ながら開運していくことができます。ただ、運気が落ちると、こだわりの強さばかりが出て、誤解されがちなので注意を。

恋愛・結婚

両親の関係に問題があると、結婚に対してネガティブなイメージをもちやすいです。しかし、あなた自身は、パートナーとともに生きることで運気が上がりますので、なるべく早いうちに結婚したほうがいいでしょう。家族を大切にして内助の功を発揮できるタイプです。パートナーに主導権を預けつつ、支えていくことに幸せを感じることができます。

お金

コツコツと貯めることができる人です。自身が仕事をもっても、専業主婦（主夫）になっても、上手に節約ができるでしょう。運気が上がると、節約自体が楽しくなり喜びにつながります。パートナーを手のひらで転がして、たくさん稼いできてもらう才能もあります。

健康

便秘や腸の不調に加え、とくに気をつけてもらいたいのが、女性だったら子宮系、男性だったら前立腺です。脳梗塞や心筋梗塞のほか、ガンなど重い病気になるリスクもあります。我慢強いため、手遅れになりがちですので、異変を感じたらすぐに病院に行きましょう。

注意ポイント

自分を出すのが上手ではないため、いちばん身近な家族に向けて自分をさらけ出す傾向があります。それ自体は悪いことではありませんが、バランスが乱れると自分だけでなく人にも厳しくなり、大切な家族を苦しめることになります。信頼することや甘えることは大切ですが、「～すべき」という自分のこだわりを押し付けるのはやめましょう。それを意識すると、大事な人と幸せな関係を築けます。

一白水星

7
月生まれ
(7/7 〜 8/6)

方位・イメージ
東／雷

あなたから見ていい相性

◎ オールマイティな相手
七赤金星

♥ 恋愛にいい相手
五黄土星

handling instructions

この生まれのトリセツ

その独特の感性を理解し、受け入れてあげましょう。人と違うことは悪いことではなく、個性なんだと理解することで安心できるはず。

この生まれの著名人

児嶋一哉

はるな愛

基本性格

人と違った感覚の持ち主で、みんなが気づかないところに着目することに長けています。一方で感覚の違いから人を理解できず、トラブルになることが少なくありません。幼少期、我の強さを抑えつけられて育つか、数々のトラブルを糧に変えられるかで人生が大きく変わります。

協調性はありません。むしろ、人に合わせるのはあなたにとって致命傷。なにかスペシャリストとして特化できると、周囲はあなたの個性を認めてくれますし、自分を中心にいろんなことが回り出します。自分の進むべき道を早く見つけ出すと、運気も上がります。白黒ハッキリさせ、引っ張っていくタイプでもありますので、職業としては自由な組織で、数字として結果が見えやすい仕事が向いています。人嫌いになって孤立を好んだり、不満だらけの現状に甘んじたり、守りに入るとうまくいきません。

恋愛・結婚

好きになったら猪突猛進。相手から引かれてしまうことも多いのでは？　最初はあまりグイグイいきすぎないほうがうまくいきます。あなたが感性を発散させて、自由にできる人がよきパートナーとなります。間違っても、束縛するような相手を選んではダメ。また、家庭に入ってパートナーを支えるといった生き方もまったく向きません。

お金

頼られると喜びを感じるので、後輩や部下におごってしまったり、なにかとお金は出ていきます。でも、節約にはまったく向いていませんし、ケチケチすると逆に金運は落ちます。たくさん稼いで、たくさんの人を呼び寄せて、使っていくことでお金が入る循環サイクルがつくれます。むしろ、ヒマをもて余して、そのストレスで欲しくもないものに散財してしまうほうがよくありません。

健康

人とぶつかることが多く、我慢してしまうとストレスが溜まるので精神的にバランスを崩すことも。腰痛が出やすいので、運動や筋トレをして鍛えてください。

注意ポイント

エネルギー値がとても高いので、そのパワーをもて余すと誰かを攻撃し始めます。ターゲットはまず、子どもやパートナーなど近しい人。子どもは自己肯定感を奪われ、パートナーは息苦しさから浮気に走ることも。そして、最終的には自分を攻撃し、精神的なバランスを崩してしまいます。家に閉じこもらず、仕事でも趣味でも本気になれるものをもつと断然開運するタイプです。

一白水星

8
月生まれ
(8/7～9/6)

方位・イメージ

南東／風

あなたから見ていい相性

◎ オールマイティな相手

六白金星
七赤金星

♥ 恋愛にいい相手

六白金星

☼ よき仕事仲間

一白水星
七赤金星

handling instructions

この生まれのトリセツ

誰かに必要とされることに喜びを感じる人です。甘えたり頼ったりして、「あなたのおかげ」と感謝すると、いい関係が築けるでしょう。

この生まれの著名人

タモリ

中居正広

基本性格

あなたはいわゆるとても「いい人」。柔らかな空気をまとっていて、周りと協調しつつも自分を主張していくバランス能力に長けています。ガツガツと自分の道を拓くというのではなく、ふわっとしながら頑張れちゃう人。そういう環境に身を置けると運気が上がり、みんながあなたを支えてくれます。自分で物事を決めて進んでいったほうが運をつかめますが、決断がストレスになるタイプなので、孤立を選ばず、人との協調を意識して。

意外と頑固な面があり、運気が落ちると、奥に秘めたプライドの高さが出て周囲から煙たがられたり、逆に外面を気にして自分がつらくなることも。

ルーティンな作業や人に奉仕することは不得手。職業としては人とかかわる職種で、結果がきちんと評価されプライドが満たされる仕事がいいでしょう。

恋愛・結婚

ふわふわと流れていく人なので、発展し変化し続けていける環境に居心地のよさを感じます。それをちゃんと受け止めてくれる人を選びましょう。時に尊重し合い、時にライバルで、一緒に切磋琢磨していける同志のような関係を築けるのが理想。専業主婦（主夫）よりは、社会とかかわっているほうが、家庭もうまくいきます。相手があなたを家にとどめておこうとするタイプだと息苦しくなるでしょう。

お金

完全に循環タイプです。そこそこ稼いで、普通に貯めていけば大丈夫です。むしろ、窮屈な思いをするような貯金や節約はバランスを崩し、金運を落とします。また、無理をした投資やローンを組むのは厳禁。頑張りすぎると運気が落ちる生まれだと心得て。

健康

消化器系の病気に気をつけて。また、骨や腰にトラブルを抱えている人は神経痛にもなりやすいので、ひどくなる前に治療を。そこにさえ注意を払っておけば健康については問題はありません。

注意ポイント

人に嫌われたくないという思いが強すぎて自分を出せなくなると、うまく運気を引き寄せられません。また、親の影響を大きく受けるタイプですので、適度な距離を取るよう、自分でコントロールしていきましょう。なるべく早く自立したほうが開運していく生まれです。相続問題がありそうな場合は、巻き込まれないようちょっと早めに話しておくことが重要です。

一白水星

9
月生まれ
(9/7～10/7)

方位・イメージ
中宮／太陽

あなたから見ていい相性

◎ オールマイティな相手
四緑木星

♥ 恋愛にいい相手
七赤金星

よき仕事仲間
四緑木星
九紫火星

handling instructions

この生まれのトリセツ

感情的な面は大目に見てあげて。頑張る姿を見せると、心を開いてくれるはず。信頼した人には尽くす人ですので、助けにもなってくれます。

この生まれの著名人

松本人志

浅田真央

基本性格

そのときの気分や状況によって、怖いものなしになったり弱気になったり。自分のなかにまったく違う二人がいて、どちらが本当の自分かわからないということはありませんか。気持ちのアップダウンが激しく、自分の感情に振り回されて疲れてしまうこともあるでしょう。しかし、そんな自分に戸惑う必要はありません。二面性があるのがあなた。その特性を知っておくことで開運します。

「自分」を強くもっているので、周囲からは異端児のように思われているかもしれません。運気が上がるとバランスがよくなり、なにかひとつ突き抜ける力をもてる人。そうなるとあなたを慕う人が集まってきます。逆に運気が下がると、人のアドバイスを聞けないただの変わり者。大風呂敷を広げるタイプなので失敗したときのダメージも小さくありません。よくも悪くも、人生の明暗がハッキリ分かれます。

恋愛・結婚

好き嫌いもハッキリしています。100回好きと言われても気持ちが動くタイプではありませんので、自分から好きにならないと恋愛が始まりません。クールに見られがちですが、自分が好きだと認めた人に対しては、情に厚い面をもっています。自分自身をもっている人をパートナーにできると最高です。なにごとも大きく広げすぎて収拾できなくなるあなたを支えてくれるでしょう。

お金

お金は大きく動かしたほうがいいタイプですが、節約もできる人です。成功すると、桁違いのお金を手にできます。小さくまとまるのではなく、しっかり稼ぐことを考えると運がめぐってきます。使うときは使い、締めるときは締めるというバランスを取っていきましょう。

健康

アグレッシブで強い性格ですが、感情の揺らぎが人並み外れて大きいので、うつ病など精神的な病気に注意が必要です。自分なりのストレス発散法をもって、なにかに依存することがないように。女性は子宮、男性は前立腺にも注意。

注意ポイント

融通がきかずこだわりが相当強いので、運気が落ちると、人の話を聞かない頑固で面倒くさい人になってしまいます。また、調子に乗ると傲慢さが出てくるので、いろいろなことにチャレンジし、失敗や挫折を経験して。自分一人では生きていけないと知ると、人に優しくなれますし、自分のバランスの取り方がわかります。どうしたら自分のバランスを保てるのか、それを知ることがあなたの武器になります。

一白水星

10
月生まれ
(10/8〜11/6)

方位・イメージ
北西／天

あなたから見ていい相性

◎ オールマイティな相手
二黒土星

♥ 恋愛にいい相手
五黄土星

☼ よき仕事仲間
三碧木星

handling instructions

この生まれのトリセツ

自尊心を高めることが大切ですが、わかりやすいストレートな褒め言葉では響きません。独特なこだわりのポイントを評価するのが◎。

この生まれの著名人

マツコ・デラックス

堀江貴文

基本性格

周りからどう見られているのかが気がかりで、褒めてもらえなければ、自分はダメだと心が折れてしまう。子どもの頃は、そんなガラス細工のように繊細な心の持ち主でしたが、大人になると細かいことを気にしない強さが備わります。ただプライドはかなり高く、内心では目立つこと、褒められることが大好き。天才肌で、ある面では強いこだわりをもち、意固地になってしまうときも。細やかな気遣いができないところはありますが、年齢を重ねるにつれ、目上からの引き立て運が強くなるので、上司や尊敬する先輩の力をうまく借りていきましょう。時にいい人になりすぎる傾向があり、いろいろなことを引き受けすぎて苦しくならないように注意してください。

上を目指すことが大切で、難関資格が必要な職種や大金を動かすような仕事が向いています。日本の伝統文化とも相性がよく、伝統工芸品の一流職人にも多い生まれです。

恋愛・結婚

社会とつながっていたほうがいいですし、型にはまってしまうのはもったいない人です。努力するあなたを応援してくれる、あるいは、切磋琢磨していける同志のような相手が理想。家庭におさまってほしがるタイプとは合わないでしょう。ただし、運気が落ちると自分に足りないものを相手に求める傾向があり、表面的なスペック──学歴や肩書きに惑わされがちなので気をつけて。

お金

やりくりを工夫するより、稼ぐことや増やすことに力を注ぐべきです。あなたは投資の勉強にとても向いている人ですし、土地に縁があり、高額なものの取引と相性がいいので不動産投資がおすすめです。しっかり稼いで元金をつくり、投資に回すと金運のビッグウエーブに乗れるかも。

健康

体は丈夫ではありません。不摂生をするとすぐに太り、体の不調の原因になるので気をつけて。注意すべき病気は、脳梗塞、心臓病、気管支炎、神経痛、胃腸障害と多岐にわたります。女性は子宮、男性は前立腺の病気にも要注意。

注意ポイント

プライドが高いため、幼少期のデリケートな気質を引きずると、失敗を恐れ、チャレンジを避けるようになってしまいます。ダメな自分に目を背け、イヤなことから逃げていると、人生が開花せずに終わります。あなたは自分の得意分野を早めに見つけて上を目指すべき人。逃げさえしなければ、大きく開運していくことができます。

一白水星

11 月生まれ

(11/7～12/6)

方位・イメージ

西／沢

あなたから見ていい相性

◎ オールマイティな相手

一白水星
三碧木星
六白金星

♥ 恋愛にいい相手

一白水星

☼ よき仕事仲間

五黄土星
六白金星

handling instructions

この生まれのトリセツ

いわゆる、「宴会部長」タイプの人ですので、一緒に面白いことを企画する、楽しい時間を過ごすことで、いい仲間になれるでしょう。

この生まれの著名人

木村拓哉

松雪泰子

基本性格

子どもの頃は内気だったのに、今のあなたの周りにはいつも人が集まっていて、ワイワイとにぎやか。同窓会で「変わったね」とびっくりされるようなら、宿命に沿ったいい生き方ができています。子どもの頃の性格を引きずって、孤独を好んでいるようなら危険信号です。

誘われればどこにでも顔を出すフットワークのよさがあり、時に「軽い」「チャラい」と言われるかもしれません。また、広く浅い人間関係に悩むかもしれません。が、それがあなたですから問題はありません。誰にでも優しく、自然に人を喜ばせることができる。その能力をいかしていきましょう。当然、人とかかわる仕事が天職です。接客が向いていますし、大きく稼ぎたければ、独立して自分でやってもいいでしょう。常に楽しいことを求め、楽しいことがないと頑張れない人ですから、楽しさ優先でOK。ただし、口の軽さは信頼を失うので気をつけて。

恋愛・結婚

友達が多く、誰にでも優しいのでパートナーから誤解されることも多いでしょう。また実際、かなりの浮気性。しかも、隠すのが下手なのですぐにバレてしまう。お相手のほうが大変ですが、あなたのことを理解し、支えてくれて自由にさせてくれる賢い人をパートナーにできたら最高です。束縛されると浮気の虫が騒ぎ出します。

お金

人づきあいがなにより大事なので、どうしてもお金は出ていきます。運がいいときは人が集まり、結果としてお金が入ってくるようになります。が、運気が落ちると、気づいたら財布が空っぽといったことも。定期預金など自動で積み立てられる仕組みをつくることをおすすめします。

健康

社交的で楽しいことになら無理もできてしまうので、いつも疲れが溜まっています。ハメを外しすぎず、睡眠時間を確保するなど生活習慣を整えることが大切な人です。腰痛や神経痛が出やすい生まれでもあります。

注意ポイント

あなたのところには、いい人も悪い人も寄ってきます。運気が落ちて人の見極めができなくなると、いいように利用されてしまいます。親の干渉が強いと運気が落ちる生まれでもありますので、早く自立して、人を見る目を養っていくことが必要です。ただし、運気がよければいい人を集めますし、悪い人の企みに陥らないようになります。運気を落とさないように気をつけましょう。

一白水星

12
月生まれ
(12/7～1/4)

方位・イメージ

北東／山

あなたから見ていい相性

◎ オールマイティな相手

三碧木星

♥ 恋愛にいい相手

八白土星

☼ よき仕事仲間

四緑木星

handling instructions

この生まれの
トリセツ

他人に気を使いすぎる人ですので、一人になれる時間をつくってあげて。かまいすぎず、適度に気にかける、ちょうどいい距離感を見つけて。

この生まれの著名人

古舘伊知郎

武田真治

基本性格

こだわりが強く、自分が一度こうと決めたことはなかなか曲げません。その一方で、他人に対してはとても人当たりがいいので、家族や身近な人はあなたに対してモヤモヤとした感情を抱いているかもしれません。それは、あなたが容易に自分を出さない人だから。他人に気を使いすぎるぶん、自分を受け入れてくれる人にはつい甘えが出てしまうのです。度を越すと大切な人を失うことにもなりかねないと肝に銘じておきましょう。

キャリアを積んで、上を目指したいという思いがあるかもしれませんが、むしろ、家族を大切にすることでいい流れを引き寄せることができます。家のなかを居心地のいい場所にして、おいしい食卓を家族で囲んで過ごす、そんな日常を過ごしていけると開運していくでしょう。そのためにも、意固地さが出てきたとき助言してくれるパートナーや友達を見つけておいてください。

恋愛・結婚

大人になるにしたがい決断するのが苦手になっていきますから、パートナー選びや結婚に対しても迷いがちです。が、家庭をもつことを強くおすすめします。同世代だと少し物足りなく感じる傾向があるので、尊敬できる年上のほうが好相性。多少のわがままも受け止めてくれる人がいいでしょう。家をいつもきれいにしておくと家族の運気が上がります。

お金

上手に貯められるタイプではありませんが、バランスは決して悪くはありません。我慢をしがちなので、ストレス発散のために適度に自分のために使うことも大切です。節約を心がけながらやりくりしていきましょう。

健康

自分を出さず、辛抱強いので、病気がわかったときにはかなりひどい状態になっているということも。定期的な健康診断を欠かさず、少し変だな？と感じたときは、すぐに病院へ行くよう心がけてください。気管支、のど、扁桃腺が弱点で、脳関係の疾患にも注意が必要です。

注意ポイント

舌禍の気があります。あなたからすれば正しいことを言っただけでも、言い方やタイミングによっては誤解をされてしまいます。ひと言足りない、ひと言多いということもあるでしょう。口を慎めとは言いませんが、思うに任せて人に言葉をぶつけるのはやめましょう。とくに家族との関係がこじれると大問題です。ひと呼吸入れてから伝えるようにすると、無用なトラブルを防ぐことができます。

一白水星

1
月生まれ
(1/5～2/3)

方位・イメージ

南／火

あなたから見ていい相性

◎ オールマイティな相手

四緑木星
八白土星

♥ 恋愛にいい相手

四緑木星

☼ よき仕事仲間

五黄土星
八白土星

handling instructions

この生まれのトリセツ

周りの目をいつも気にしているタイプで、美意識も高い人です。髪型の変化やファッションなど、小さな変化に気づくと喜んでくれるでしょう。

この生まれの著名人

真矢ミキ

綾野 剛

基本性格

幼少期、周囲の大人からかわいがられ、それに素直に応える社交性をもっていましたが、大人になるにしたがい内気な面が強くなっていきます。決断することにストレスを感じるようになったかもしれませんが、その一方で、自分のなかにはしっかりとした理想があるのでは？　好奇心旺盛でいろいろなものに目移りしがちなのも、常に理想を追い求めているからです。

コツコツとなにかを続けることは苦手で、人を育てていく能力は高くありませんが、機転のきく賢い人です。楽しければ頑張れるタイプですので、自分が納得できる環境に身を置き、好きな自分でいられると結果もついてきます。美容師やデザイン関係など、生来の美的センスをいかした職業に適性があるでしょう。

あなたにとっていちばん大切なのは自信です。外見も内面も磨いていくと、運気は上がっていきます。

恋愛・結婚

理想主義者ですから、相手にも高い理想を求めます。あれもこれもと条件があるかもしれませんが、あなたに必要なパートナーは、繊細なあなたを大きく包み込んでくれる人。妥協しろとは言いませんが、優柔不断さから決めかねているとタイミングを逃します。いい出会いを引き寄せるためには、あなた自身、努力することが大切です。

お金

バランスは悪くありませんので、お金に対して不安感を抱く必要はありません。むしろ、倹約をしすぎて、外見を磨くことを疎かにすると運気が下がり、入ってくるものも入らず余計に出ていくことになります。趣味がコロコロ変わる傾向があり、すべてにお金をつぎ込むといくらあっても足りないので、その点はほどほどに。

健康

脳梗塞や心筋梗塞など、予兆のない大病を患うリスクがあります。本来、インドア派でアクティブなタイプではありませんが、生活に運動を取り入れて健康管理を。

注意ポイント

理想が高いあまり、現実とのギャップに苦しみがちで、気分のムラが大きいため自分で自分を振り回してしまうことがあります。そんなとき、友達に話を聞いてもらう、音楽を聴く、ドライブをする、なんでもかまいませんが、自分なりの解消法をもっておきましょう。精神的に不安定になったとき、どうやったら気持ちが落ち着くのか、その方法を早めに知っておくことが大切です。

二黒土星

2
月生まれ
(2/4～3/4)

方位・イメージ

中宮／太陽

あなたから見ていい相性

◎ オールマイティな相手

六白金星
七赤金星

♥ 恋愛にいい相手

七赤金星

⚙ よき仕事仲間

三碧木星
六白金星

handling instructions

この生まれのトリセツ

裏表がなくわかりやすい人です。機嫌が悪いとすぐにわかるので、そんなときは近寄らないこと。いつのまにか機嫌を直してくれます。

この生まれの著名人

石塚英彦

藤田ニコル

基本性格

子ども時代は少し引っ込み思案でしたが、次第に自ら選び、行動していくタイプに変わります。いくつかのことを同時進行させる器用さはありませんが、なにかひとつ「コレだ！」というものを見つけたら猪突猛進、そこに向かっていく強いエネルギーをもっています。協調性はあまりなく、どこでもうまくやっていけるフレキシブルさもありません。人の話を素直に聞くタイプではありませんが、心打たれた人を敬い慕うところがあるので、早めに尊敬できる人や指導者と出会えることが重要です。

型にはまろうとすると苦しくなりますので、世間の常識にとらわれず生きていきましょう。安定を求めるのではなくチャレンジをしたほうが断然開運していきます。職業としては、年功序列の大企業よりはベンチャー。起業も向いています。結果にこだわってとことん努力して生きると、大きな成功を得られます。

恋愛・結婚

恋愛においても、主導権を握ってぐいぐいとパートナーを引っ張っていく、そんな関係が理想です。優しくてあなたをサポートしてくれる人がベストな相手。もし、家庭に入ることになっても、なにかしら打ち込めるものをもちましょう。その強いパワーのいきどころがなくなると、周囲を傷つけることにもなりかねませんから。

お金

お金は動かしてください。子どもの頃は、お年玉をキチンと貯金するタイプだったかもしれませんが、変わらず節約や倹約を続けていると金運が下がります。大きく稼いで大きく使うことで、より大きなものを得ることができる生まれです。「貯金が趣味」なんて言っていると、小さく終わってしまいます。

健康

皮膚のトラブルを抱える人が多いです。消化器系にも注意を。自分の弱さを見せられないので、精神的なバランスを崩さないようにすることも大切です。

注意ポイント

子どもの頃はとてもいい子なだけに、その殻から抜け出せず、自分を抑えて生きていくととても苦しくなる生まれです。プライドも高いですから、なんとなく生きると自分を傷つけてしまいます。自分が中心になって行動できるようになると輝く人ですが、壁にぶつかった経験がないと「裸の王様」になってしまうので気をつけて。早めに打ち込めるなにかを見つけて人生を充実させましょう。

二黒土星

3
月生まれ
(3/5～4/3)

方位・イメージ
北西／天

あなたから見ていい相性

◎ オールマイティな相手
五黄土星
七赤金星
八白土星

♥ 恋愛にいい相手
四緑木星

✿ よき仕事仲間
二黒土星
七赤金星

handling instructions

この生まれのトリセツ

ちょっと頑固な性格で、悪気なく失言することがあります。そこを受け流せれば、あなたのためにいろいろと動いてくれるでしょう。

この生まれの著名人
木梨憲武
松田聖子

基本性格

自覚はないかもしれませんが、大人になってからのあなたはとてもおおらかで、高い社交スキルをもっています。でも、子どもの頃の我慢強さやシャイな部分を引きずっていると、自分のことを人見知りと勘違いしたままになってしまいます。せっかくなので、積極的に人とかかわり、社交性をいかしていきましょう。そのほうが断然開運していきます。

幼少期の思慮深さと大人になってからの行動力で、オールマイティになんでもこなすことができます。サポートに回ることもできますが、むしろ、プロデュース業や自分で裁量をもってやる仕事が向いています。年上から目をかけてもらえますので、年配者を相手にした営業などもいいでしょう。組織のなかでも力をいかせますし、フリーランスでやるのにも向いています。どんな道に進んでも、「高級志向」で生きていくと人生が開けていきます。

恋愛・結婚

「早く結婚して家に入りたい」と思っているかもしれませんが、じつは両立型。家庭をもったほうがいい形で仕事ができるでしょう。同年代よりは年上か年下で、±5歳以上離れているほうが好相性。年上なら「この人、すごいな」と思える人。年下なら「かわいいな」と思える人。尊敬か母性（父性）本能をくすぐられるタイプか、どちらか極端なほうが結婚生活はうまくいきます。

お金

子どもの頃の我慢強さが残れば金銭感覚のバランスは悪くありませんが、本来的には細かな節約はできなくなりますので、散財してしまうこともあるでしょう。大きく動かすことで金運が上がるタイプですので、節約ではなく、どう稼ぐかを考えてください。投資運もあり勉強も向いていますので、運用を考えてもいいでしょう。

健康

食べすぎ・飲みすぎ厳禁。お酒を飲みすぎるとアルコール依存症までいってしまうリスクがあります。女性は子宮、男性は前立腺の病気に注意を。脳の疾患にも気をつけて。

注意ポイント

子どもの頃の性格を引きずりすぎて、自分は内向的だと思い込み、人とのかかわりを避けてしまうと運気が下がります。思いを内に秘め、抱えすぎてしまうと、そのストレスを解消するためギャンブルやお酒、買いものなど、なにかに依存しがちです。散財するだけでなく、うつ病など精神的疾患にまでなりかねませんので、注意が必要です。人とかかわり心を開くことですべてが好転すると心得て。

二黒土星

4
月生まれ
(4/4～5/4)

方位・イメージ

西／沢

あなたから見ていい相性

◎ オールマイティな相手

五黄土星

✿ よき仕事仲間

五黄土星
六白金星

handling instructions

この生まれのトリセツ

「面白い！」「やっぱり頼りになります！」がこの生まれの人へのキラーワード。褒められ、頼られると面倒見のよさを発揮してくれます。

この生まれの著名人

江口のりこ

ATSUSHI

基本性格

コミュニケーション能力が高く、人とかかわるのが大好き。「人生楽しまなきゃ！」が信条でしょうが、幼少期は音楽や絵画、アニメなどクリエイティブなものを好むおとなしいタイプだったはず。小さい頃に親しんだ趣味の世界が仕事につながっていくと楽しい人生が開けていきます。

プライドが高いので、「普通」に紛れてしまうと満たされることがありません。年上の人からのサポートで花開くタイプではありませんので、自力でのし上がりましょう。そうすると、下の世代があなたを慕って集まってきます。

仕事はコミュニケーション能力の高さをいかした職業が向いています。企画能力もありますので、プレゼンが必要な仕事やトークスキルが求められる仕事がおすすめです。ガッツがあり、自分で工夫する賢さももっています。夜の仕事でもトップを目指せるでしょう。

恋愛・結婚

とてもモテる人です。誰にでも優しいので、パートナーから誤解されてしまうこともあるでしょう。しかし、束縛されるのが大嫌いなので、あなたのことを理解し、あまり干渉しない相手が理想だといえます。子どもができたら家庭をとても大事にするタイプです。笑いの絶えない楽しい家族がいると、仕事もうまく回っていくでしょう。

お金

面倒見がよく、見栄っ張りなところがあります。「飲みに行こう！」などと率先して人を誘うので、どうしてもお金は出ていきます。でも、そこを出し渋るようになると金運は下がります。出ていくぶんは稼ぐ。循環させていけば、お金に困ることはありません。

健康

いつも忙しく動き回っているので、慢性疲労を抱えがちです。血圧には注意して。ケアをしないと脳梗塞や心筋梗塞のリスクが高くなります。子宮・前立腺系も強くはありませんので、定期的な健診を。

注意ポイント

幼少期のおとなしい性格を引きずって、「友達がいない」という状態だとしたら大問題です。「人が宝」というタイプですから、絶対に孤立してはいけません。また、調子のよさから、ついついビッグマウスになってしまうことも。実力がともなわないと、年上から「生意気」と反感を買ったり、周囲からひんしゅくを買うこともあります。自力で頑張って大言壮語を現実のものにしていきましょう。あなたならそれだけのパワーがあります。

二黒土星

5
月生まれ
(5/5〜6/4)

方位・イメージ

北東／山

あなたから見ていい相性

◎ オールマイティな相手

一白水星
三碧木星
六白金星

♥ 恋愛にいい相手

六白金星

よき仕事仲間

一白水星

handling instructions

この生まれのトリセツ

個性的な部分を受け入れて。イジると殻にこもってしまいます。無理に距離を詰めようとせず、見守るほうが心を開いてくれるでしょう。

この生まれの著名人

大久保佳代子

光浦靖子

基本性格

とても個性的な感性の持ち主です。あなた自身、自分のことがよくわからず、誰といてもしっくりこないのではないでしょうか。周囲から浮いてしまう自分に悩み、表面的にだけ人と合わせるクセがついてしまっているかもしれません。でも、それを続けているととても生きにくいので、自分が個性派だということを認めてあげてください。社会生活で自分をさらけ出すことは難しいでしょうから、オンとオフをうまくスイッチさせて、休日は理解者とともに過ごすといった工夫をしていくといいでしょう。

クリエイター的職業で、その個性を発揮できる道を見つけられれば、花開く確率は断然高くなります。感覚の人なので、運気を上げると直感力が上がり、引きも強くなります。その独特の感性に自信をもち、いかすことができると、人生が充実すると心得て。

恋愛・結婚

よき理解者を見つけないと、孤立してしまいます。外で取りつくろっている自分を解放できる居場所をつくることが、あなたの開運には最重要です。同じ感性の持ち主を見つけることができたら、お互いに「わかるわかる！」という会話も楽しいですし、バランスも取れます。または、社会とあなたをつないでくれる人、緩衝材になってくれるような人を選びましょう。

お金

自分の趣味やこだわりにお金を使います。が、基本的に他人を信用しませんし、興味のないことに散財することはないので、意外と貯まります。自分は個性的な人間だということを理解して、心のバランスが保てるようになると、金運も安定していきます。

健康

もっとも心配なのがメンタル面です。自分を出しませんので、表面的には元気そうに見えてしまうのが問題なのです。友達でもパートナーでもかまいません。一人でいいので、心の内をさらけ出せる人を見つけて。

注意ポイント

周りが見ている自分と本当の自分が一致せず、孤独感に苛まれることもあるでしょう。なんとなく周囲とうまくいっているとしても、どこかしんどさを抱えているはずです。我慢強さももち合わせているので、SOSを出したときには体も心も限界オーバーということになりかねません。自分を癒す方法を見つけて、日々ケアをしていくことで運気も上がっていきます。

二黒土星

6
月生まれ
(6/5〜7/6)

方位・イメージ
南／火

あなたから見ていい相性

◎ オールマイティな相手
二黒土星
八白土星

✿ よき仕事仲間
一白水星
八白土星

handling instructions

この生まれのトリセツ

外見を褒められることはこの人にとって自信につながります。「化粧品、なに使ってるの？」などと聞くと、とても喜んでくれるでしょう。

この生まれの著名人
藤原紀香
西野亮廣（キングコング）

基本性格

子どもの頃はアグレッシブに道を切り拓くタイプですが、大人になるにしたがって行動力も決断力も弱まっていきます。それに気づかないで、昔のままに自分のやりたい気持ちのまま進んでいくと、40歳くらいでエネルギー切れを起こしてしまいます。人間関係を築くのが上手ですし、要領のよさもありますので、周囲にかわいがられるような知恵をつけていくと、運気がうまく回っていきます。

企画を立てる部署や編集などの仕事は、持ち前のセンスのよさをいかせます。飽きっぽくて、なにかひとつに邁進することはできませんので、部署を異動しながら組織のなかで上を目指していくほうがおすすめです。

傷つきやすく人の評価を気にしすぎる傾向があります。自分の弱音を吐ける場所を見つけておくと、バランスが取れ運気も安定するでしょう。

恋愛・結婚

熱しやすく冷めやすいので、タイミングを逃さないように。ハイスペックのパートナーを見つけて、「幸せね」「素敵な家族！」と人がうらやむ家庭を築けると自信にもつながります。美しいものに囲まれていると幸せを感じるので、インテリアや日々の食事など一つひとつにこだわりをもって、センスを磨いていくと運が開けていきます。

お金

自分に自信がもてないと、もので代替しようとしがちです。見栄をはって高級ブランド品を買ってしまうなど、お金がどんどん出ていってしまいます。逆に、自信をもって勝負できる自分でいられるとバランスよく、お金も貯まっていきます。あなたは着飾るよりも体を鍛えたり肌を手入れするなど、自分自身を磨くほうが自信につながりメンタルが安定するタイプです。

健康

神経過敏で人の言動を気にするところがありますので、ストレスが溜まりがち。日々、細かく発散しながら、メンタルケアをしていきましょう。

注意ポイント

どれだけ自分に自信をもてるかということが大事な人です。子どもの頃、活発すぎるあなたに対して親が抑圧的に接していると、少し厄介です。自己肯定感を抱けず、「私なんか……」と思いながら生きていくと運は開けません。逆に、子どものときに習い事やスポーツなど好きで打ち込んだことがあり、自分を評価できるようであればなんの問題もありません。

二黒土星

7月生まれ
(7/7～8/6)

方位・イメージ
北／水

あなたから見ていい相性

◎ オールマイティな相手
四緑木星

♥ 恋愛にいい相手
八白土星

☼ よき仕事仲間
四緑木星

handling instructions

この生まれのトリセツ

明るく見せているけど、実際は一人で抱え込むタイプ。吐き出す場所が必要な人です。少人数での“グチ吐き出し会”に誘ってあげると◎。

この生まれの著名人

藤井フミヤ

広末涼子

基本性格

周りの人はあなたのことを、とても明るく元気な人だと思っています。確かに幼少期は社交的でしたが、大人になった今のあなたは根っから快活なタイプではありません。一人の時間に充実感と安らぎを感じることでしょう。

とはいえ、他人といるときも無理に明るくふるまっているわけではありません。自分の気持ちに鈍感なところがあり、違和感に気づかないのです。そのため、あなたが「しんどいな」と感じたときは究極までいっている状態です。年を重ねるほど本音が言えなくなりますから、なるべく早く自分の性格の変化に気づいて。そして、あなたが心穏やかでいられるのはどんなときかを知ってください。

人それぞれにペースがあります。あなたは無理しないほうが開運する人です。ゆっくり自分のペースをつかんでいきましょう。

恋愛・結婚

自分のなかにいろいろと溜め込むタイプですから、あなたを支えてくれるパートナーがいると人生が好転します。理想は本音もわがままも言える、甘えさせてくれる人。手を抜けない完璧主義なところもあるので、「そんなに頑張らなくていいよ」と言ってくれる人がいいでしょう。シンプルでナチュラルなものに囲まれた家で、穏やかに自然体で過ごすと運気が上がっていきます。

お金

コツコツ節約して、やりくりが上手にできるタイプです。ストイックなところもあり、やり出したらとことん突き詰めてしまうので、頑張りすぎに注意を。余裕を失ってしまうと、元来、あなたのもっているかわいらしさが失われてしまいます。

健康

我慢強くストイックなあなたには筋トレがとても向いています。ストレス解消にもなりますよ。また、水分をいっぱい取って、体に溜まったものを流すことも意識して。

注意ポイント

悩みもストレスも溜め込み、自分一人で答えを出そうとするので、さまざまなことが手遅れになりがち。人に少し意見を聞いてみるだけで、解決法の選択肢は増えていきます。人に聞く・頼るということを習慣にしていきましょう。

親の影響が強すぎると苦しくなる生まれですので、独身で実家住まい、親の介護を一人で抱えるなんてことになったら大変です。いまや我慢強さは美徳ではないと心得て、自分の人生を生きてください。

二黒土星

8
月生まれ
(8/7～9/6)

方位・イメージ

南西／地

あなたから見ていい相性

◎ オールマイティな相手

一白水星
九紫火星

♥ 恋愛にいい相手

九紫火星

☼ よき仕事仲間

一白水星
四緑木星

handling instructions

この生まれのトリセツ

疑い深い部分がありなかなか他人を信用しない分、一度信頼されるととことん尽くしてくれます。話をじっくり聞くことで関係は深まります。

この生まれの著名人

関根 勤

小木博明（おぎやはぎ）

基本性格

大人になるにつれて、生来の積極性が薄れ内向的な性格に変わりますが、人の好き嫌いもなく、誰とでもうまくやれるタイプなので、自分の変化を自覚しないまま年齢を重ねます。基本的に、オールマイティになんでもこなせる能力をもっています。そのために目標が定めにくく、なんとなく人生を送ってしまう可能性があります。周囲からは恵まれているように見えても、じつは不全感を抱えている人が多い生まれです。

めいっぱい頑張ることで運気が開ける人ですが、努力をしなくてもそつなくこなせる能力があるので、頑張るという感覚がわからないかもしれません。器用貧乏にならないように、なにかひとつに特化して打ち込んでみることをおすすめします。ハマれるものを見つけられると、充実した人生への足がかりになります。優しく面倒見がいい、人のために尽くせるあなた。その美点をいかしてください。

恋愛・結婚

誰とでもうまくやれるのですが、そのために、ずるずると腐れ縁のような関係が続いたり、決め手に欠いて特定のパートナーを見つけられなかったりします。おすすめは一緒に頑張っていける人です。一回、機嫌を損ねるとなかなか許さず、根にもち続けるタイプです。パートナーの浮気は絶対に許せないので誠実な人を選んで。

お金

親の影響が強く出る生まれです。育った環境が裕福だったか大変だったかによって、お金に抱くイメージが180度異なります。経済的に厳しい家で育ち、お金＝不安という思いを抱くと、金運を引き寄せられません。本来はほどよく稼いでほどよく使う、とてもいいバランス感覚をもっているので、自信をもって大丈夫。

健康

体はとても丈夫です。ただし、次第にフットワークが重くなるので運動不足になりがちで、腰痛などに悩まされることも。意識的に体を動かしていきましょう。

注意ポイント

なんでもできるあなたに周囲は期待をしますが、意外と自己評価が低いため、「期待に沿えない」とチャンスを自分から手放してしまうことがあります。運気が落ちると自己嫌悪に陥ったり、人のことをうらやましがる傾向が。一方で、無自覚のまま、自分ほど要領のよくない周囲の人をバカにしたような態度をとってしまうことも。等身大の自分を把握し、認めてあげることで開運します。

二黒土星

9
月生まれ
(9/7 〜 10/7)

方位・イメージ
東／雷

あなたから見ていい相性

◎ オールマイティな相手
六白金星
七赤金星

♥ 恋愛にいい相手
一白水星

☼ よき仕事仲間
七赤金星

handling instructions

この生まれのトリセツ

"変わってるな"と思っても、「面白い発想だね」くらいの言い方にとどめて。理解されていないと感じた途端、壁をつくられてしまいます。

この生まれの著名人

川平慈英
矢作 兼（おぎやはぎ）

基本性格

子どもの頃は快活でさっぱりとした性格ですが、徐々に独特の感性が出て、自分の伝えたいことをなかなか理解してもらえなくなります。ハッキリものを言うので人から誤解されることが増えますが、人とかかわることによって運気を上げていく生まれです。人間嫌いになって孤独を好むようになると運気が低迷します。トラブルがあっても前向きに乗り越えて心を閉ざさないようにしましょう。下手に人当たりがよくなるより、あなたの個性を貫くことで開運していくことができます。

本来はエネルギッシュに人生を切り拓いていくタイプ。激しい生き方をすべき人ですので、年功序列の組織にいるより独立したほうが面白い人生になります。感性をいかした仕事ができれば最高ですし、人を助けていく能力もありますので医療関係や社会起業家なども向いています。

恋愛・結婚

両立型ですので、仕事も家庭も一生懸命という生き方ができるのがいちばんです。束縛する人、忙しくしているあなたを家に縛りつけようとする人は合いません。あなたの個性を認めてくれ、仕事にも理解がある協力的なパートナーを探しましょう。

お金

貯蓄を心がけるよりは、頑張って稼ぐことにエネルギーを使うべきです。人とのつきあいもありますのでお金は出ていきますが、あなたにとってはそれも投資。人とのかかわりを大切にすることで、お金は回ってきます。むしろ、小さくまとまってしまうと運気はダウン。ヒマをすると、向かうところがなくなったエネルギーを買いものに向けてしまいがちなので要注意です。

健康

忙しくしていたほうがいいタイプですが、不規則な生活になるとバランスを崩し、メンタル系の疾患や心筋梗塞のリスクが高まりますので気をつけましょう。

注意ポイント

人とのつながりがカギとなる人生ですが、時にいい人すぎてしまうので、騙されないよう人を見る目を養っていきましょう。幼少期、対人トラブルに対して親が理解を示し受け止めてくれていたら、大人になってからも生きやすい人生になるでしょう。逆に、親に抑圧されていたり、関係が密すぎると、どちらかが依存するようになるので注意が必要です。親との距離感をあなたがコントロールできるようになると開運します。

二黒土星

10
月生まれ
（10/8〜11/6）

方位・イメージ

南東／風

あなたから見ていい相性

◎ オールマイティな相手

五黄土星
七赤金星

♥ 恋愛にいい相手

八白土星

☼ よき仕事仲間

六白金星
七赤金星

handling instructions

この生まれのトリセツ

個性的な感性を褒めることがとても大事。楽しいことを一緒にして気分を上げていくと、驚くほどの成果につながることがあります。

この生まれの著名人

矢部浩之

鬼束ちひろ

基本性格

超自由人のあなた。風のように気ままにフラフラと動き回り、じっとしていることができません。

モットーは「人生楽しんだ者勝ち！」。お金のためにやりたくもないことを我慢してやるなんて、考えられないタイプです。無理やり押し付けられたことはどうでもよくなり、なげやりになってしまいます。楽しさを追求すること自体は、まったく悪いことではありませんが、イヤな勉強や仕事も工夫して楽しくする術を考える、そんな発想ができるとどんどん開運していくでしょう。

お堅い組織で働くことはまったく向きません。自分が楽しいことは、とことん頑張れる人ですので、自分の好きなことを仕事にできたり、自分の生きる場所がピタッとはまると、大きくブレイクするでしょう。ぜひ、好きなことを究める人生を歩んでください。

恋愛・結婚

楽しさ第一なので友達感覚のパートナーシップがいいでしょう。ただし、二人で「今さえよければいいよね」と享楽的になってしまうと運気が下降します。夫婦一緒に上を目指せると、人生はさらに面白くなります。じつはとてもプライドが高いあなたには、褒めて伸ばしてくれる、賢い相手がおすすめです。

お金

興味のないことには財布の紐は堅いですが、自分の趣味には糸目をつけず使ってしまうので、手堅く貯めていけるタイプではありません。「お金は天下の回りもの」ではありますが、管理してくれる片腕やパートナーがいると安定します。ブレイクしたときには、驚くほど大きなお金が入ってきます。

健康

はしゃぎすぎて、疲労が溜まっていませんか？　その疲れは胃に出ます。また、のどや扁桃腺、ぜんそくなど呼吸器系の病気に気をつけてください。

注意ポイント

自由で楽しいことはいいことですが、今しか目に入らないようでは運気を引き寄せることはできません。努力する楽しさを含めてうまくあなたを導いてくれる人との出会いが、人生を左右します。いちばん残念なのは、厳格な親のもとで型にはめられてしまうこと。才能も可能性も押しつぶされてしまうことにもなりかねません。もし今、「〜すべき」という思想にとらわれていたら要注意。義務感からではなく、“楽しいから頑張る”ことで開運していく人です。

二黒土星

11 月生まれ
(11/7 〜 12/6)

方位・イメージ
中宮 / 太陽

あなたから見ていい相性

◎ オールマイティな相手
四緑木星
六白金星
九紫火星

♥ 恋愛にいい相手
四緑木星

☼ よき仕事仲間
九紫火星

handling instructions

この生まれのトリセツ

褒めるとなにごとも気持ちよくやってくれる人。裏方ではなく責任ある立場に推すと活躍します。ヒマになるとふて腐れて人を攻撃します。

この生まれの著名人
岡田准一
小池栄子

基本性格

子どもの頃の受け身な性格から、別人のように積極的なタイプへと変わります。要領よく物事を処理できるわけではありませんが、たくさんの挫折や苦労を重ねながら我が道を極めると、人並み外れたリターンを得ることができる生まれです。人に合わせることはできないので、組織に属すると居心地の悪さを感じるはず。人に合わせることは、あなたにとって守りに入ることと同じです。息苦しく活力もなくなってしまうので、無理をする必要はありません。自分が認めた人に対して心酔とも呼べるリスペクトを注ぐので、そんな人との出会いが人生の転機となるでしょう。

激しい性格ではありますが、根っこの部分はとても「いい人」。そのため、運気が落ちてくると人に利用されてしまうこともあるので気をつけて。

恋愛・結婚

本来の激しいあなたを大きな心で受け止め、ついてきてくれる人がおすすめです。誰かをサポートするよりも、自分で人生を切り拓きたいあなたには、自己主張の強いタイプは合わないでしょう。運気が大きく波打つタイプですので、パートナーとの暮らしを安らげる場にして、メンタルのバランスを取りましょう。

お金

子どもの頃の気質が残っていれば、そこそこ貯められます。お金の扱いはうまいのですが、困っている人に頼まれると断れない優しい性格のため、貸したお金が返ってこないということもあるでしょう。リーダー気質を発揮し、人が集まってくるとお金も集まる人。自分本来の姿で力を発揮できたら、金運は爆上がりします。

健康

エネルギー値は高くても、体が丈夫というわけではありません。自分を簡単には見せないのでストレスを抱えがち。メンタルバランスの乱れから肌荒れや胃の不調を引き起こすこともあります。

注意ポイント

環境によって人生が左右され、決定づけられやすい生まれです。自分のエネルギーを自ら選んだ方向へと発散できれば充実した人生を歩めます。しかし、周囲の人間関係に抑えつけられ、本来あなたに備わっているはずの積極性を出すことができなかったり、「こうあらねばならない」といった思いにとらわれると、力を発揮できません。再出発が難しい生まれでもありますので、運気を下げないように気をつけて。どうか我が道を歩んでください。

二黒土星

12
月生まれ
(12/7～1/4)

方位・イメージ
北西／天

あなたから見ていい相性

◎ オールマイティな相手
九紫火星

♥ 恋愛にいい相手
二黒土星

よき仕事仲間
七赤金星
九紫火星

handling instructions

この生まれのトリセツ

第一印象と深くつきあってからの印象が変わる場合がありますが驚かないで。変わってきたのは本来の姿を出せるほどに信頼している証です。

この生まれの著名人

高橋一生

桐谷美玲

基本性格

幼い頃の内に秘める繊細な性格は、大人になるにしたがって薄れていきます。頭がよく、勘どころもいいので、頼まれた仕事は完璧にこなす能力があります。

自覚がないかもしれませんが、プライドがとても高く、頑固なところがあるため、いい加減な人を許せない厳しさをもっています。その半面、頑張っている人には手を差し伸べる優しさがあり、その慈しみの心で開運していく人です。

自分自身で納得できないとアクションに移せず、できない理由を理路整然といくつも並べがちです。納得するまで待っていたら、時間ばかりたって年をとってしまいます。殻を破るためには、自分に自信をもつことです。頭のよさをいかして難しい資格を取り、仕事にいかしていくのもひとつの方法です。人生を楽しむ気持ちをもつことで開運していきます。

恋愛・結婚

家庭をもつと、仕事も充実してきます。同世代だとちょっと頼りなく感じる傾向があるので、5歳以上離れた、尊敬できる年上の相手がいいでしょう。人の面倒を見るのが得意なので、5歳以上年下の相手ともうまくいきます。頑固な面を出しすぎなければ幸せな家庭生活を送れる人です。時には相手に譲ることを意識して。

お金

運気さえ落ちていなければ、問題はありません。が、頑固さや偏屈さが出てくると、人とのかかわりが面倒くさくなり、お金を貯めることが趣味になるかもしれません。しかし、そうやって貯めたお金は、次なるお金を呼び込みません。勉強して投資をするなど、動かしながら増やす方法を考えましょう。その能力は十分にあります。

健康

フットワークは軽くないので、インドア派かもしれませんが、動かないとすぐに太ってしまいます。溜め込みやすいタイプなので、ストレスからの食べすぎ・飲みすぎに注意してください。脳関係の疾患のリスクが高くなります。

注意ポイント

自分で思っている以上に、強いこだわりをもっています。気づいていないかもしれませんが、あなたが理路整然と正論を述べているとき、相手の目には「偏屈な人」「面倒くさい人」が映っています。あなたは能力もパワーもある人です。頭でっかちにならず、自分の人生が充実することを考えましょう。「とりあえず、やってみる」の精神が開運には大切です。

二黒土星

1
月生まれ
(1/5～2/3)

方位・イメージ
西／沢

あなたから見ていい相性

◎ オールマイティな相手
二黒土星

よき仕事仲間
二黒土星
八白土星

handling instructions

この生まれのトリセツ

冗談を言ったら面白くなくてもちゃんと反応すること。そうしないとスネてしまいます。楽しい人ですが、少々面倒なところもあるタイプです。

この生まれの著名人

石田純一

松任谷由実

基本性格

幼い頃、芸術的感覚が秀でていたためか、キラリと光る個性をもっています。ファッションやライフスタイルに譲れないところがあるなど、平凡さを嫌う傾向があるでしょう。ノリと勢いが大事、いつもハイテンションで楽しさ優先、人といることで安心するタイプです。

人間関係は広く浅くかもしれませんが、実力がともなうと「憧れてます！」と年下からの羨望を集めることができます。ただ、大風呂敷を広げがちで、結果がともなわないと集まっていた人は去っていってしまいます。

単純作業が必要な仕事にはまったく向いていませんが、パッションとバイタリティは抜きん出ています。難関資格が必要な仕事について独立するとか、クリエイターとして結果を出すとか、なにかを成し遂げるまでとことん頑張ると運が開けていきます。

恋愛・結婚

楽しい人ですのでとてもモテます。そして、束縛されると気持ちが萎えてしまいますので、パートナーはじっと帰りを待つ人ではなく、自分自身をもっている人がいいでしょう。また、いわゆるいいお母さん、いいお父さんができるタイプではありません。外で生き生きしている姿を見せることが家族の安定にもつながります。

お金

ケチケチしたら金運は下がる一方です。人とのかかわりが大切な生まれですから、とくに交際費を出し渋ってはダメ。稼げばお金が回っていくタイプですので、細かいことを気にせず、一生懸命稼ぐことを考えましょう。楽しい人生を送れたら、死ぬときになにも残っていなくても後悔はない、そんな生まれです。

健康

アクティブなのはいいのですが、体に疲れは溜まっていきますので、その日の疲れはその日のうちに回復させていきましょう。そうしないと大病を患う恐れが。つきあいが多いので、飲みすぎ・食べすぎにも注意です。皮膚と消化器系も強くないので気をつけましょう。

注意ポイント

調子がよく、大きなことを口にしがちなので、人から誤解されることが少なくありません。とくに若い頃は、年上から生意気だと思われ、煙たがられることがあります。しかし、人間関係のトラブルの多くは、結果を出すことで解決できます。努力することを怠らず、人とのかかわりが自分の運を左右していると意識して。

三碧木星

2
月生まれ
(2/4〜3/4)

方位・イメージ

東／雷

あなたから見ていい相性

◎ オールマイティな相手

一白水星
七赤金星
九紫火星

♥ 恋愛にいい相手

一白水星

✿ よき仕事仲間

六白金星
九紫火星

handling instructions

この生まれのトリセツ

「○○さんがやるとクオリティが高い！」のひと言が効きます。褒められ頼られると頑張る人なので、意外と面倒なこともやってくれるでしょう。

この生まれの著名人

田原俊彦

佐々木 希

基本性格

好きなものは好き、嫌いなものは嫌い。自分の気持ちがハッキリしている人です。気分屋さんで、怒らせるとちょっと厄介なところがあるかも。

決断力があり、なにごともサラリとこなしてしまう能力があります。どんな仕事もこなせますが、常に新しいことにトライできる職種や華やかな仕事がいいでしょう。職場で便利屋さんに陥らないように。あなたは地味に生きてはいけないタイプです。眩しい世界でセンターに立つのが似合っています。人を引っ張っていく力もありますが、部下を育てていくのは向きません。ワンチームで結果を出していくより、自分で数字をつくりだしていくほうが気持ちは楽なはず。人から憧れられることがモチベーションになり、さらに上を目指して頑張っていけるでしょう。

恋愛・結婚

恋愛や結婚にあまり興味はないのでは？　プライドが高いので相手への要望も高くなりますが、基本的に人の言うことを聞くタイプではありませんので、あなたの意見を尊重してくれる相手のほうが長続きします。細かいことを言わない、家事などを積極的にやってくれるパートナーがベスト。あなた自身が主導権を握り、相手が合わせてくれる、そこまでの関係を築けると最高でしょう。

お金

貯金はあまり得意ではありません。でも、気にする必要はありません。我慢をして貯蓄に励むなんてことはせず使って、稼いでいきましょう。人のために行動することが運気を上げるので、お金も自分のためではなく、誰かの役に立つような使い方をすると開運します。

健康

強い体をもっています。しかし、過信はしないでください。丈夫だからこそ、油断して異変に気づくのが遅くなることはよくあります。年齢に応じて、ケアをしていくことが大切です。疲れが肌に出やすいので注意。

注意ポイント

環境があなたの運を左右します。常にチャレンジできる環境にいれば、スキルを高め充実感を得られ、仕事もプライベートもうまく回っていきます。一方で過ぎていく時間になんとなく身を任せていると、運気は低いほうに流れます。フットワークが重くなり、無気力で悶々としたまま人生を終えることにもなりかねません。少しでも頑張らなきゃいけない環境に身を置くと変化は必ず訪れます。せっかくの高い能力をいかしきってください。

三碧木星

3
月生まれ
(3/5〜4/3)

方位・イメージ

南東／風

あなたから見ていい相性

◎ オールマイティな相手

一白水星
二黒土星
八白土星

♥ 恋愛にいい相手

七赤金星

☼ よき仕事仲間

一白水星
五黄土星

handling instructions

この生まれのトリセツ

変わった感性の持ち主かつ、じっとしていられないので、やりたくないことを押し付けないほうが実力を発揮します。個性を尊重してあげて。

この生まれの著名人

宮迫博之

篠原ともえ

基本性格

独特の感性をもった人です。周囲から「変わってるよね」と言われるとしたら自分を出せる場所を見つけられた証拠。その生き方で正解です。

一人でいるのはちょっと苦手。人当たりがよく、人に嫌われるのが怖いので、優しくいい人になりがちなところがあります。それなりにエネルギーはあるのですが、人を蹴落としてまでの上昇志向がないのは、その優しさゆえでしょう。ただし、転職やキャリアアップの機会は自然と訪れます。その独特の感性がいかせ、余計なひと言も許してもらえる、多様性のある職場に身を置けたら最高です。育成能力がとても高く、部下を育てていくことにも向いています。言葉が雑なところがあり、同性とはあまりうまくいかないのでその点は気をつけて。

恋愛・結婚

あなたの感性と合う人は多くはありません。そのうえ、優柔不断なのでなかなか「この人！」と決めることができません。ときめきよりもフィーリングが合うかどうかを最優先して選ぶことをおすすめします。「この人といると楽〜」という人と出会ったら、離さないで。

お金

自分の感性をいかせるようになると稼げます。一方、合わない場所で我慢をしていると自分でも気がつかない「無体感ストレス」で、なんとなくお金を使ってしまいます。また、運気が落ちると、あなたの人のよさにつけこむ者が現れます。お金を貸してと言われ、貯めていたお金を騙しとられるなんてこともあるのでご注意を。

健康

あなたの周りには人が集まってきます。つきあいも多くなりますので、食べすぎ・飲みすぎには気をつけて。ストレスからお酒の量が増えると脳梗塞などのリスクも上がりますので、上手なストレス解消法を見つけて。生まれつき胃腸や気管支が弱い人も多いです。

注意ポイント

自分に合っていることを見つけて楽しい充実した人生を歩む人と、そうでない人の差が大きくなる生まれです。表面的にはそつなくこなしていて、周囲からも順風満帆な人生とうらやましがられていても、居心地の悪さや物足りなさ、矛盾を感じているかもしれません。あなたにぴったりはまる居場所は少ないですが、いろんなことにチャレンジして自分に合う場所やものを見つけていきましょう。合わない場所に居続けない勇気をもつことも大切です。

三碧木星

4月生まれ
(4/4～5/4)

方位・イメージ

中宮／太陽

あなたから見ていい相性

◎ オールマイティな相手

七赤金星
八白土星

♥ 恋愛にいい相手

七赤金星

よき仕事仲間

八白土星
九紫火星

handling instructions

この生まれのトリセツ

裏表のないわかりやすい性格。機嫌が悪いのも一目瞭然。逆鱗に触れないように気をつけて。面倒なところもこの人らしさだと受け入れて。

この生まれの著名人

工藤静香

堂本 剛

基本性格

人見知りが激しく壁をつくってしまうので、他人に与える第一印象はあまりよくありません。人を信用しないタイプですが、裏表がないのでむしろわかりやすい性格ともいえます。エネルギー量が多く、プライドも超高い人。他人の言うことを基本的に聞かないので、周囲から引き立てられることを期待せず、自力で人生を切り拓いていきましょう。それだけの能力とパワーがあなたにはあるはずです。

あなたがなにかを成し遂げようと思ったら、人の3倍努力する必要があります。そこまで頑張らないと結果につながらない生まれだからです。でも、3倍の努力が10倍になって返ってくるのもあなたの宿命。それをしんどいと思うか、面白いと感じるかで人生の明暗が分かれます。人生が回り出したら、ほかの人が得られないくらいのリターンがあります。自信をつけるとさらに運は開けるでしょう。

恋愛・結婚

パワーのあるあなたなら、一人で生きていくのも悪くはありません。が、結婚をしたいと思っているのであれば、早めがおすすめです。タイミングを逃すとプライドの高さもあって妥協できなくなるからです。あなたと同じように目標や夢をもって頑張っている人が見つかると、一緒に高め合っていくことができます。

お金

豪快に使います。節約して貯めるタイプではありません。運気が上がると面倒見がよくなるので、人に食事をごちそうしたり、プレゼントをしたりといった出費もかさみます。自分が納得できるものには、どんどんお金を使ってください。そして、ガンガン稼ぐ。なにごとも大きく動かすべき人ですので、大きく入ってきたら大きく出ていく、それでいいのです。そのほうが金運は上がります。

健康

脳梗塞や心筋梗塞など、突然死を招く病気に注意です。人生に「我慢」の文字がなく、豪快な性格なので、お酒を飲む人は量が増えがち。生活習慣病に気をつけて。

注意ポイント

幼少期、激しい気性から周囲とたびたびトラブルを起こし、大人から抑圧されて自分を出せなくなってしまう人が少なくありません。そうなると、もって生まれたエネルギーの強さをいかせず、不完全燃焼のまま終わってしまいます。また、すべてが極端になりがちな人ですから、自己肯定感が低くなると、徹底的に自分が嫌いになってしまいます。自分を愛せると大きく開運していきますよ。

三碧木星

5

月生まれ

(5/5～6/4)

方位・イメージ

北西／天

あなたから見ていい相性

◎ オールマイティな相手

四緑木星
六白金星
九紫火星

♥ 恋愛にいい相手

九紫火星

✿ よき仕事仲間

四緑木星
五黄土星

handling instructions

この生まれの
トリセツ

変わった感性を受け入れて、茶化したり否定したりしないこと。褒めたつもりでも「変わってるね」と言うと、地雷を踏んでしまうかも。

この生まれの著名人

哀川 翔

窪塚洋介

基本性格

幼少期はおとなしい性格でも、大人になるにつれて社交性を身につけ、同時に独自のセンス・感覚をもつようになります。自分が周囲とは違った感性の持ち主で、みんなと趣味が一致することはほぼないとわかっていると、気持ちは断然楽になります。

仕事でも趣味でも、感性をいかせることを追求していきましょう。人とかかわったほうが開運するので、芸術系・クラフト系の道に進んでも、一人でコツコツと制作するだけでなく、発信していくことをおすすめします。営業能力も高いので、売ってお金にするのもいいでしょう。

ものづくりだけでなく、一般的な会社員としての仕事もできる人です。ただし、自分を出す場がないと苦しくなりますので、プライベートで趣味や感性の合う人とのかかわりをもってバランスを取っていきましょう。

恋愛・結婚

人生を充実させるには、好きなものに触れながら、社会とつながる生き方が大前提です。専業主婦（主夫）は向きません。相性がいいのは、もちろん感性が合う人です。なかなか合う人がいなくても焦って条件面で選ぶのはやめたほうがいいでしょう。

お金

稼いで使う循環タイプ。自分の好きなことができたら、金運はみるみる上がっていきます。逆に、自分を抑圧した不本意な生き方をすると金運は止まってしまいます。お金に執着し始め、お金がないことへの不安、失うことへの恐怖を強く感じるようになったら運気が下がっている証拠。自分らしく生きることを認めてあげると金運が回る人です。

健康

周囲から浮いてしまっている感覚がストレスになると胃の不調に表れます。皮膚も強くないので不摂生は禁物です。腰痛もひどくなりがちですので、運動やストレッチでケアをしていきましょう。

注意ポイント

子どもの頃にはその独自のセンスを表に出さないので、いたって普通に育てられる人が多い生まれです。周囲としっくりこないという窮屈さをどこかで感じているはずなのですが、その正体がわからず大人になってしまう人が少なくありません。親からの影響が強すぎると開運しにくい生まれでもあります。自分の個性を認め、同時に親から自立していくことで運が急上昇します。好きなものを共有できる相手がいると毎日がうんと楽しくなりますよ。

三碧木星

6
月生まれ
(6/5〜7/6)

方位・イメージ

西／沢

あなたから見ていい相性

◎ オールマイティな相手

二黒土星
五黄土星

♥ 恋愛にいい相手

九紫火星

✿ よき仕事仲間

二黒土星
四緑木星

handling instructions

この生まれのトリセツ

おしゃべりをしたり、楽しいことをして、一緒に気分よく過ごす時間をつくっていきましょう。それが周囲にもいい影響を与えます。

この生まれの著名人

岡村隆史

新垣結衣

基本性格

幼少期は一人静かに思索にふけるタイプですが、大人になると社交性が出てきます。自分で人見知りだと思っているかもしれませんが、だとしたら思い込みです。周囲からの協力を得られる人でもあるので、一人で頑張るのではなく、みんなを巻き込んで進む道を選んでいきましょう。必ず第三者の協力が得られるはずです。とくになにをしているわけでもないのに人の目を惹く人ですから、仕事でも裏方に回ってはいけません。美しい人が多いのも、この生まれの特徴です。

今のあなたが、友達とのおしゃべりが大好き！楽しいことが大好き！という状態にあるなら、運気はとてもいいです。逆に、一人でいたい、誰とも話したくない……というモードなら、運気が下降している証拠。うまくいくときとそうでないときの差が出やすく、不安定なタイプ。それを嘆くのではなく、安定しない人生を楽しみましょう。

恋愛・結婚

華やかな人なので、とてもモテます。とくに年上から好かれるでしょう。みんなから愛され、かわいがられるタイプで、結婚よりも恋愛を一生楽しみたいと思っている人も多い生まれです。家庭におさまってしまうと、あなたの魅力は半減してしまいます。自由でいさせてくれる我慢強い人をパートナーに選んで。

お金

自分自身にお金を使ってしまいますが、運気のバランスがよければ稼いでいけますので、大きく使っても問題はありません。ただ、お金がないと不安なタイプですので、運気が落ちていくとケチくさくなり、それがまた運気を下げるという悪循環にはまりがちなので注意して。不安を覚えない程度には貯めておくと金運は安定するでしょう。

健康

女性なら子宮、男性は前立腺が極端に弱いです。脳梗塞の心配もありますので、ある程度の年齢になったら、生活自体を整えていきましょう。

注意ポイント

子どもの頃の性格が色濃く残ると、慎重に考えすぎて行動に移せないという面が出てしまいます。「怖くて新しいチャレンジができない」「フットワークが重くって」という人は、自身の変化に順応できていない証拠。それではあなたの能力をいかしきれません。本来はノリと勢いに押される生まれです。「ま、なんとかなる！」という気持ちをもつことが開運のカギです。

三碧木星

7
月生まれ
(7/7〜8/6)

方位・イメージ
北東／山

あなたから見ていい相性

♥ 恋愛にいい相手
二黒土星

よき仕事仲間
一白水星

handling instructions

この生まれのトリセツ

こだわりの部分にダメ出ししたり口を出すと、へそを曲げて機嫌をなかなか直さなくなります。言い方には細心の注意を払って。

この生まれの著名人
宮藤官九郎
吉高由里子

基本性格

現実離れした不思議な人です。独特の世界観を受け入れてくれる家庭で育ったり、認めてくれる人に出会えれば、アート系などクリエイティブな仕事について、人生を謳歌できるでしょう。

しかし、あなたの感覚を理解し共感してくれる人は多くありませんので、どうしてもストレスを抱えがちです。人当たりは悪くないのですが、人や環境に合わせていく柔軟性に欠けるところがあります。調子がいいときと悪いときの差が激しいのも、この生まれの特徴です。

一人でもいいので信頼できて本音を話せる人、あなたの感性を理解してくれる人を見つけ、その人たちとのかかわりを大切にしましょう。また、自分の好きなものに没頭できる時間や空間を確保して。心の安寧を保てる生き方をすることが開運ポイントです。

恋愛・結婚

感性の合う人をパートナーにできると安定しますが、価値観や美意識がぴったり合う人を見つけるのはなかなか大変です。妥協や惰性でともに生きるパートナーを選んでしまうと、後悔することになります。我慢強いところもあるので、うつうつとしながらも納得しない生活を送ることになってしまいます。条件より感性を大事にして。通じ合える人とあたたかい家庭を築けると、大きく開運します。

お金

人とのつきあいで浪費することはありませんし、自分にとって価値のないものに使うことはないので、それなりに貯まっていきます。ただし、自分の趣味に関してはお金を使います。心のバランスが取れていけば、入ってくるお金も安定しますので大きな問題にはならないでしょう。趣味の世界で稼ぐことができれば金運は急上昇します。

健康

生きづらさに悩んでしまう人が少なくないので、ストレスに起因する病気、精神的な疾患、脳関係の疾患には気をつけて。運動不足による血流の悪さも体調不良の原因になります。運動を習慣づけると健康面は安定します。

注意ポイント

子どもの頃、親があなたの味方になってくれていると、人に対する安心感を覚えることができ、人生を歩んでいく自信になります。一方、親から理解されずに育つと、外にも家にも居場所がなく、元来の繊細さもあって心が壊れてしまう人もいます。安心して心を開ける人との出会いが人生を大きく好転させます。

三碧木星

8
月生まれ
(8/7～9/6)

方位・イメージ

南／火

あなたから見ていい相性

◎ オールマイティな相手

三碧木星
四緑木星

♥ 恋愛にいい相手

三碧木星

✿ よき仕事仲間

四緑木星
七赤金星

handling instructions

この生まれのトリセツ

外見を褒めるのが効くタイプ。「髪切った？　似合うね」などと、変化を指摘し、褒めると素直に喜び、ご機嫌になってくれます。

この生まれの著名人

諸星和己

戸田恵梨香

基本性格

明るくてノリがよくて陽気な人ですが、じつはプライドの塊。周りからの評価が気になって、無意識に人と自分を比べてしまいます。「ちゃんとしなきゃ」という生真面目さもあって、いろいろ気にしすぎて動き出せないタイプです。理想を抱くあまり、自分で自分を苦しめてしまうところがあります。開運には、なにごともほどほどが大事だと知ることが大切です。

さみしがり屋で、一人で生きていく強さがあるわけではありません。安心する場所ができると頑張れるので自分の居場所をつくり、資格や特技をいかした仕事でプライドを満たせるととてもいいです。若いときにどういう路線を選ぶかで人生が変わります。

知性が高く、美しい人が多いのがこの生まれです。美を磨くことも開運につながります。

恋愛・結婚

熱しやすく冷めやすいので、少しでもイヤな面を見つけると気持ちが一気に萎えてしまうことがあるでしょう。理想もプライドも高いので、タイミングを逃すとなかなか結婚に踏み切れなくなってしまいます。しかし安心できる場所があると頑張れる人なので、断然、パートナーを見つけて結婚すると開運する人です。あなたをかわいがり、守ってくれる人がいいでしょう。

お金

日常的に無駄づかいするタイプではありませんが、見栄っ張りなので、そこそこ高価なものに目がいきやすいようです。大きく稼ぐタイプではありませんので、バランスを崩さないように。

健康

自分がどう見られているのか、無意識のうちにいつも気を張っているのでストレスが溜まります。胃かいようなどに注意をしてください。腰や骨がウイークポイントなので気をつけて。ヨガやストレッチを習慣として取り入れるとメンタルと体の調子を整えられるでしょう。

注意ポイント

親からの影響に人生を左右されがちな生まれです。親と距離を保ち早くに自立すれば、比較的人生はうまくいきます。逆に、実家を出ることを先延ばしにすればするほど、たとえ親との関係が良好でも運気は落ちていきます。いつまでも子どもでいれば、親が寂しさを埋めてくれますし、家事もお願いできるので便利でしょう。でも、たとえ居心地がよくても、一日も早く実家を出たほうが開運します。

三碧木星

9
月生まれ
(9/7〜10/7)

方位・イメージ
北／水

あなたから見ていい相性

◎ オールマイティな相手
一白水星

♥ 恋愛にいい相手
四緑木星

☼ よき仕事仲間
一白水星

handling instructions

この生まれのトリセツ

一人になる時間を邪魔しない、かまいすぎないことが、この生まれのメンタルを安定させます。ランチなども無理に誘わないように。

この生まれの著名人
西川貴教
ホラン千秋

基本性格

子ども時代は、やりたいことは自分から提案し、友達に囲まれながら楽しい時間を過ごしたことでしょう。でも、年齢を重ねるにつれて決断力がなくなり、人に本音を言えない性格に変化していきます。それでいて、とてもおしゃべりなのがこの生まれの特徴です。

弱者を守りたいという気持ちが強く、人を支える能力があります。介護職や看護師、保健師などに適性がありますが、上昇志向でガツガツ生きていくことには向きません。一生アグレッシブに突き進む人生を選んではいけません。独立を考えている人は、決断力のあるパートナーを見つけるか、早めに軌道に乗せて、中年期には守りに入ることをおすすめします。自分では気づいていないかもしれませんが、とても我慢強い人です。一人になる時間を確保するなどして、心のバランスを取っていきましょう。

恋愛・結婚

自覚がないかもしれませんが、本来は甘え上手です。パートナーに守ってもらいながら、あなたがパートナーに活力を与え支える関係を築いていけると最高です。早くに年上の人と結婚をして、できるなら子どもをもうける。そして、パートナーに一生懸命働いてもらい家で穏やかに過ごせると気持ちが安定するでしょう。

お金

大きく稼ぐというタイプではなく、貯めるのもそれほどうまくはありません。パートナーに稼いでもらい、自分は内助の功で支えていくのがもっとも金運を上げる方法です。できれば、家計を管理してもらったほうがいいでしょう。

健康

ストレスを溜め込みやすいので、精神的なダメージが心配です。「流す」ことを意識してください。毎晩、お風呂で癒され、ネガティブな気持ちも洗い流して。のどや声帯が弱い人が多い生まれです。おしゃべりしすぎて酷使しないようにしましょう。

注意ポイント

自分のことを話すのが苦手で、わかったふうにされるのもイヤ。我慢強いので、ストレスを吐き出す先がなく、溜めて溜めて爆発させるタイプです。その矛先となるのが家族です。家族には甘えが出るので、強く当たってしまったり、正論をぶつけて追い詰めたりしがちです。不満やストレスは小出しにしていきましょう。そして、落ち込んだときにどう気持ちを復活させるか、その方法を知っておくことが開運には大切です。

三碧木星

10
月生まれ
(10/8〜11/6)

方位・イメージ

南西／地

あなたから見ていい相性

◎ オールマイティな相手

八白土星

♥ 恋愛にいい相手

二黒土星

☼ よき仕事仲間

九紫火星

handling instructions

この生まれのトリセツ

周囲が思うほど社交的なタイプではないので、余計な詮索をしないでください。信頼関係が深まれば、いろんなことを話してくれます。

この生まれの著名人

石橋貴明

大島優子

基本性格

愛想がよく快活な人に思われがちですが、自分の本心を明かさない人です。子どもの頃は周りの大人から愛されて、明るく元気でオープンな性格だったためそうは見えませんが、内心はとても我慢強いです。

日々の生活も仕事も規律正しく、キチンとしていることに居心地のよさを感じます。職業としては公務員や事務職に適性があります。人のために頑張れるので、学校や塾の先生などにもやりがいを覚えるでしょう。が、歯を食いしばって必要以上に頑張るという生き方では、あなたのよさをいかせません。プレッシャーがないほうが実力を発揮できるタイプなので、ノルマがあるような職種は避けたほうが運気もメンタルも安定するでしょう。

癒される居場所をつくり、そこで穏やかに過ごすことが運気の上昇につながります。

恋愛・結婚

相手としてふさわしいのは誠実な人。モテる人をパートナーに選ぶと心配で心を乱すことになるので、おすすめできません。料理や掃除が開運につながりますので、おいしい手料理で相手の胃袋をつかみ、あたたかい家庭を築くことでエネルギーが蓄えられます。繊細なあなたには、家庭が落ち着ける場所であることがとても大切です。

お金

自分のためにお金を使いたいという欲があまりありません。コツコツ、きっちり節約ができるタイプです。子どもの頃の性格の影響から、キャリア志向になる方も多い生まれですが、がむしゃらに仕事をして稼ごうとすると、ストレスからせっかく入ってきたお金を使ってしまいます。断然、貯めていくほうが増やせるタイプです。

健康

我慢強く、自分が抱えているストレスに対する感度が鈍い人です。ストレスを原因とした飲みすぎや食べすぎが心配です。うつ病など精神疾患にも注意を。ストレスを発散する術を身につけることがなによりも大切です。

注意ポイント

あなたがSOSを出すときは、心も体も限界域に達しているときです。大変なときは大変だと言葉にしていきましょう。運気が落ちると人に利用されやすくなります。人から頼まれると適当にあしらえず、引き受けてしまって苦しくなってしまうのです。イヤなときは「イヤ！」とちゃんと断れるようになると運が安定します。また、セクハラやパワハラのターゲットになりやすいので気をつけてください。

三碧木星

11
月生まれ
（11/7〜12/6）

方位・イメージ
東／雷

あなたから見ていい相性

◎ オールマイティな相手
三碧木星
七赤金星
九紫火星

♥ 恋愛にいい相手
七赤金星

✿ よき仕事仲間
二黒土星
三碧木星

handling instructions

この生まれのトリセツ

褒められたり、頼まれると張り切ってなんでもやってくれます。「こんなの、〇〇さんにしか頼めないですよ！」などの言葉に弱いでしょう。

この生まれの著名人

吉 幾三

渡辺満里奈

基本性格

人当たりがよく穏やかで柔らかい印象の持ち主ですが、じつは、好き嫌いのハッキリした性格です。プライドが高く気分屋の一面もあり、怒らせると怖いタイプ。

単純な作業は要領よくこなしますし、どんなこともさほど苦労せず仕上げる器用さをもっています。が、それゆえ、さほど頑張る必要のないぬるま湯に慣れてしまうと、なんの充足感も得られず、「ここじゃない」と思いながら人生が終わってしまいます。

柔軟でフットワークのよさもありますので、運を上げたいなら常に課題が与えられるような環境へと移っていくべきです。

人を引っ張っていく能力と人を育てる力があります。「ワンチーム」が求められる組織で活躍できますが、決断力もあるので、自分一人で決めていく立場でもやっていく能力の持ち主です。

恋愛・結婚

人に合わせようと思えばできてしまう人ですが、それはあまり好ましい状態ではありません。あなたの意見を尊重してくれる人のほうが、関係は長続きするでしょう。そもそも、恋愛や結婚に関心が薄いかもしれませんが、あなたに合わせてくれるパートナーと出会えれば、誰かと生きていく安心感を知ることができるでしょう。

お金

運気が上がってくると、面倒見のよさが出てきますので、人のためにお金を使うことが多くなります。が、それは使うべきお金ですので気にする必要はありません。もともと金運のバランスはとてもいいので、人のために使ったほうがお金は回っていきます。

健康

とても健康体です。気をつけるのは腸と気管支くらいでいいでしょう。ただし、丈夫さを過信していると手遅れになることがあります。定期健診を受けるなど年相応の注意を払っていきましょう。

注意ポイント

面倒見がよく人のために頑張れるので、「いい人」になりすぎることがあります。意外と自分の意見をハッキリと言わない一面もあり、イヤなことはちゃんと断っていかないと、自分で自分を大変な状況に追い込むことになります。

便利に使われるだけではもったいない能力をもっている人です。リーダー気質で目立つべき人ですので、強引さを出していったほうが人生はうまくいくでしょう。

三碧木星

12 月生まれ
（12/7～1/4）

方位・イメージ

南東／風

あなたから見ていい相性

♥ 恋愛にいい相手

五黄土星

よき仕事仲間

一白水星

基本性格

人とは違った感覚とこだわりをもちながら、表面的な社交性でそれを見事に隠しています。人と争うことが嫌いな優しい人ですので、周りの人は、あなたのことをつきあいやすいいい人だと思っているでしょう。しかし、自分では周囲から浮いている感覚や息苦しさがあるはず。感性の人なので、思考型にならざるを得ない立場に就くとさらにつらくなります。

自分に合った居場所を見つけにくいタイプです。独特の感性をいかせる自由度の高い職業に就けると、穏やかに満たされながら過ごしていくことができます。

理解されないことに悩み、人づきあいに苦手意識をもちがちですが、人とかかわっていくことが開運の肝になります。現実の世界と本当の自分とのバランスを取る方法をあなたなりに見つけましょう。

恋愛・結婚

ドラマチックな出会いや大恋愛をへて結婚というよりは、気づいたらいつもそばにいて、「やっぱり気が合うんだよね」という相手と結ばれるパターンが多いです。意気投合できるパートナーと楽しい結婚生活を送ることができると、ほかの面でも充実していきます。感性を分かち合えない相手を条件で選ぶと、いずれ苦しくなるでしょう。

お金

お金のために好きでもないことをするなんて無理、というタイプです。感性をいかせる場所を見つけることができれば、お金に困ることはないでしょう。人がお金をもたらしてくれますので、人とのかかわりを大切にしていくと、さらに循環していきます。しかし、運気が落ちてくると人によって奪われます。「助けてほしい」と騙されて、せっかく貯めたお金を失うことがありますので、いい人になりすぎないように気をつけて。

健康

人間関係で悩むことが多いので、ストレスからくる体の不調に注意をしてください。胃腸にダメージが出がちです。メンタルや脳関係の疾患にも要注意。

注意ポイント

自分の居場所を見つけられないと、それを発揮する気力が出ません。元来、強いパワーをもっている人ですが、それをオンにするスイッチが入りにくいのが弱点です。仕事もお金も恋愛もパワーがなければ、前に進めることはできません。一歩間違うと、なげやりな気持ちになって、世捨て人の道を選んでしまうこともあるので気をつけて。

handling instructions

**この生まれの
トリセツ**

個性を受け入れて否定しないことがなによりも大切です。気分が安定していれば、面倒見のよさを発揮し、あなたを助けてくれるでしょう。

この生まれの著名人

竹野内 豊

吉川ひなの

三碧木星

1 月生まれ
(1/5～2/3)

方位・イメージ
中宮／太陽

あなたから見ていい相性

◎ オールマイティな相手
五黄土星

✿ よき仕事仲間
二黒土星
五黄土星

handling instructions

この生まれのトリセツ

褒められると弱いタイプ。いいところはどんどん褒めて気分を上げていきましょう。そうすれば面倒見のよさを発揮してくれます。

この生まれの著名人

IKKO

多部未華子

基本性格

好き嫌いがハッキリある人です。情に厚く、一度受けた恩は一生忘れません。面倒見がよく、大切だと思った人に対しては徹底的にお世話をします。一方、興味のない人にはそれほどでもないため、損得で行動しているように思われがちですが、それも計算ではなく自然に行う人です。

ぬるい環境でなんとなく生きてしまうのはもったいないタイプ。非常にエネルギッシュで、挫折や苦労を含めさまざまな経験をすればするほど、上昇していきます。並みではない努力が必要ですが、その世界で「カリスマ」と呼ばれるまでになることも可能です。

あなたのことを高く評価する人がいる一方、悪評を買うこともあるでしょう。しかし、そこは怖がらないで。みんなに好かれることを求めると、あなたを待ち受けている飛躍にブレーキをかけてしまうことになります。

恋愛・結婚

一人でも生きていけるエネルギーをもっていますが、早めにパートナーを見つけて、家庭という土台を安定させておくのがおすすめです。タイミングを逃すとプライドの高さが邪魔をして、現実的な選択ができなくなるからです。パートナーとそれぞれの目標に向かってともに進んでいけるといいでしょう。

お金

バンバン稼いでドンドン使う循環型。おつきあいも多く、面倒見のよさからついごちそうしてしまうタイプです。人にプレゼントするのも大好きで、交際費はかなりかかりますが、それでOK。むしろケチケチすると金運は落ちます。一流のものとの相性がいいので、安いものをたくさん買うよりいいものをひとつ手に入れるほうが開運します。

健康

ストイックで自分に厳しく、気分のムラが激しいため、運気が落ちると情緒不安定になりがちです。自律神経の乱れからくる不調に悩まされることが多いでしょう。とくにのどをケアしてあげて。

注意ポイント

あまり人を信用しないタイプで、長時間、他人といると疲れてしまいます。大変なのはもっとも近くにいる家族で、あなたのわがままな言動によって振り回されることも。あり余るパワーを向ける先がないと、パートナーや子どもに自分の考えを強いたり、干渉してしまいます。時に横暴になってしまう自分を知っておくことが大切です。せっかくのパワーを発揮できる場を見つけておきましょう。

四緑木星

2
月生まれ
(2/4～3/4)

方位・イメージ
北／水

あなたから見ていい相性

◎ オールマイティな相手
一白水星
三碧木星
四緑木星

❤ 恋愛にいい相手
四緑木星

☼ よき仕事仲間
三碧木星
九紫火星

handling instructions

この生まれのトリセツ

☞

本音を出せないタイプなので、「なにかあったら聞くよ」と声をかけ、話せるような状況をつくりましょう。褒められるのも大好きです。

この生まれの著名人

福山雅治

菊川 怜

基本性格

表面的にはとても明るく朗らかですが、プライドの高さもあって弱音を吐けない人です。自分を出せないことに気づかないほど頑ななところがあります。悩み出すととことん悩むし、「イヤだな」と思う人との関係を切ることができないタイプで、気持ちの切り替えが苦手です。自分の本音を打ち明けられる人に、ありのままを吐かせてもらってバランスを取ることが開運のカギ。人に話すと気持ちや思考が整理され、気づきのチャンスがあるのですが、なにも語らないとすべてが手遅れになってしまいます。

なにかを決めることにストレスを感じるタイプですから、ガツガツと自分で人生を切り拓こうとすると、性格が歪んでしまいます。かわいらしく人を頼り甘えていく生き方が合っている人です。ものも人も気持ちも整理し、不要なら手放していくと、運気が上がります。

恋愛・結婚

他人にはなかなか本音を言えず、悩みやストレスを抱え込みやすいあなた。この人になら自分を出せるというパートナーを見つけてください。甘えることで心穏やかに過ごすことができ、幸せをつかむことができます。ただし、不安や心配から束縛をしたり過干渉になると、重い存在になってしまうので気をつけてください。

お金

お金が回っていくタイプではないので、不安にならない程度に貯めていきましょう。かわいらしいあなたには、パートナーを褒めて伸ばす才能があります。自分で働いて稼いでいくよりもパートナーに頑張ってもらうほうが金運は上がっていきます。自尊心が満たされるような仕事を見つけて家計をサポートしていくのがいいでしょう。

健康

精神面の不調、とくに依存症にならないよう注意が必要です。頭であれこれ考えがちで、腰痛も抱えやすいのでヨガやストレッチでリラックスを。しっかり寝ることが大切です。不眠に悩んでいる人は北枕を試してみて。

注意ポイント

親とかかわるほど運気が下がる生まれです。実家で親と同居をしている人は、なるべく早く出ることをおすすめします。義理の親との同居もできるだけ避けてください。あなたと子どもの関係も同じです。「ちゃんと育てなきゃ」と子どもを支配し抑えつけると、関係が壊れてしまいます。まずはあなた自身が幸せになること。そのうえで親や子どもと適度な距離感でつきあうと運気が安定します。

四緑木星

3
月生まれ
(3/5〜4/3)

方位・イメージ

南西／地

あなたから見ていい相性

◎ オールマイティな相手

二黒土星
四緑木星
五黄土星

♥ 恋愛にいい相手

一白水星

☼ よき仕事仲間

四緑木星
八白土星

handling instructions

この生まれのトリセツ

一人の時間が絶対に必要な人。「つらいときはいつでもサポートするよ」と伝えておき、基本は放っておくくらいがいい距離感です。

この生まれの著名人

忌野清志郎
持田香織

基本性格

超がつくほどの人見知りで、一人になる時間や空間がないとしんどくなってしまう。そんなあなたですが、子どもの頃は元気で明るく、芸術面でも光るものをもっていたのではないでしょうか。年齢を重ねるにつれ決断力がなくなっていきますので、自分でなにかを選びとっていくことにしんどさを感じるはず。ただ、その変化に自覚的であれば、バランスの取れた生き方ができるでしょう。

自分のためだと力は湧きませんが、人のためには頑張れるあなた。仕事に限らず一心に打ち込めるものを見つけ、家ではまったりとした時間を過ごす、そんな生き方ができたら最高です。

空気が読めないわけではありませんが、舌禍を起こしやすいので、失言には注意が必要です。

恋愛・結婚

幼少期の性格からすると実感がないかもしれませんが、とても家庭的な人です。キッチンをきれいにして料理をつくり、庭では花や野菜を育てて……という生活が合っているタイプ。選択肢があるうちに早く、あるいは好きだと言ってくれて、あなたを大切にしてくれる相手なら妥協してでも結婚することをおすすめします。結婚しても一人になる時間や空間をもてるとよりバランスを保つことができます。

お金

大きく稼いでお金を回すというタイプではありません。また、幼少期の性格の影響から、使ってしまうクセも残るので、節約を心がけて。貯蓄もあまり得意ではありません。誰かに管理してもらうのがおすすめ。財形貯蓄や定期積立などで、時間をかけて貯めるのが向いているでしょう。

健康

我慢強いので、ストレスからの食べすぎ、飲みすぎ、胃かいように注意を。また、食いしばりすぎて顎関節症にもなりがちです。扁桃腺やぜんそくなど、のど周りも弱いので注意して。一人になれる空間があったほうが絶対にいいタイプ。家に自分の部屋がない場合は、子ども用のテントでもいいのでこもれる場所があるとメンタルが安定します。

注意ポイント

自分のこだわりをもっている人です。表面的には周囲に合わせますが、「ここは譲れない」というところがあり、それが強く出すぎると面倒くさい人になってしまいます。最悪のタイミングで言ってはいけないことを発言したり、悪気なく言った余計なひと言で人を傷つけたり、あるいは言葉が足りずに誤解を招くことがあるので注意を。

四緑木星

4
月生まれ
(4/4〜5/4)

方位・イメージ

東／雷

あなたから見ていい相性

◎ オールマイティな相手

二黒土星

よき仕事仲間

二黒土星
三碧木星

handling instructions

この生まれの
トリセツ

「〇〇さんって本当、すごいですね」がなにより効くタイプ。褒めて機嫌をよくしておくと実力をフルで発揮し、他人にも優しくなる人です。

この生まれの著名人

森高千里

加藤浩次

基本性格

頭の回転がとても速く好奇心も旺盛。常に新しいことに目を向ける、アンテナ感度の高い人です。なにかひとつ見つかるとのめり込むことができるので、若いうちにやりたい方向性を見つけられると、早くから運が開けていきます。なんとなく生きてはダメな人です。

頑固でプライドが高く、白黒ハッキリつけたいタイプ。自分がコレだ！と思ったことを邪魔されるのはとってもイヤ。他人の言うことを聞き入れないところがありますが、自分で好きなようにやったほうが人生うまくいきます。目上からの援助は期待できず、上司運もないので、自分で切り拓いていきましょう。仕事を頑張るとあなたを慕う人が集まってきて、恋愛運も上がっていきます。人とのかかわりで開運のエンジンが強く回る生まれです。

あなたの人生に「我慢」の二文字はなく、それが時に人間関係のトラブルを招きます。孤立してしまうと運を大きく落とすので気をつけて。

恋愛・結婚

パワーのあるあなたはヒマになればなるほど、運気の循環が悪くなります。恋愛に一点集中して、「パートナーに夢中」「相手のために」となると最悪です。鬱陶しさから浮気もされるでしょう。外で忙しくするあなたを認めてくれる相手がおすすめです。あなたが主導権を握りながら、家事を分担していけるとうまく回ります。

お金

稼いで使う循環タイプです。好き嫌いがハッキリしているので、興味がないものには一切お金を使いませんし、興味のあるものには青天井。それでOKです。好きなものにはとことんお金を使って、自己投資をいっぱいしてください。

健康

社交的でつきあいも多いので、注意すべきはお酒の飲みすぎ。また、若い頃に持ち前の自由奔放さを抑えつけられると、うつっぽい症状が出ることがあります。精神的に弱っている感じがあったら立ち止まって考えて。

注意ポイント

プライドが高く派手なタイプですので、なにも成し遂げられないと面倒な人になりがちです。若いときに人と大きくぶつかって心が折れてしまうと、あなたのよさをいかせない人生を送ることになります。常に人の顔色をうかがい、目立たないように人とかかわらないように生きてしまう――そうすればするほどトラブルに巻き込まれていきます。目立つことを恐れないで運を上げていきましょう。

四緑木星

5
月生まれ
(5/5～6/4)

方位・イメージ
南東／風

あなたから見ていい相性

◎ オールマイティな相手
三碧木星
七赤金星
九紫火星

♥ 恋愛にいい相手
三碧木星

☼ よき仕事仲間
七赤金星
八白土星

handling instructions

この生まれのトリセツ

能力はあるのにエンジンがかかりづらいので、「一緒に頑張ろう」と促してあげると◎。お願いされると嬉しいタイプなので、頼ってください。

この生まれの著名人
槇原敬之
長澤まさみ

基本性格

親しみやすく柔らかい雰囲気で、奥底にある我の強さを他人には出さない生まれです。お願いすれば断ることなくきっちりこなしてくれる、とてもバランスのいい「いい人」。人に合わせることが当たり前になっているかもしれませんが、もっと欲張って生きることをおすすめします。生まれもった能力の高さをいかしてください。

決断力はあまりありませんが、なんでもそつなくこなせる器の持ち主。でも、そんな自分に本当は物足りなさを感じているはず。“そこそこ”で納得してぼんやり過ごすにはもったいない人です。

増やすこと、育てることに関係する仕事が向いています。人とかかわりながらチャレンジしていくと運気が上がっていきます。自然に触れることも開運にはおすすめです。

恋愛・結婚

誰とでもそこそこうまく関係を築け、大好きもなければ大嫌いもないあなた。恋愛や結婚も無難で終わりがちです。無理めな人にアタックするくらいがちょうどいいかもしれません。「ま、好きだって言ってくれるからいいかな」と適当に決めると最悪です。我慢ができてしまうので、夫婦仲がうまくいかなくても離婚にならないのです。結果、後悔の人生を送ることになります。

お金

お金もバランスはいいです。困ることはないでしょう。頼まれたら断れないので、お金を貸したら返ってこないというトラブルがありますが、あげるつもりで貸してあげましょう。助けてあげたいという気持ちを抑えることのほうが、あなたにはよくありません。

健康

体はとても丈夫です。だからこそ気づいたときには取り返しのつかない病気になっていた、なんてこともあります。過信せず、日頃から健康管理を怠らないようにしましょう。脳梗塞や心筋梗塞など、高血圧由来の疾患には、とくに注意してください。

注意ポイント

自分から意識的にハードルを上げていかないと、すべてが“そこそこ”。周りに便利に使われて終わってしまいます。仕事でも恋愛でもチャレンジするくらいが、あなたにとってはちょうどいいのです。今の自分以上のものを目指すことになれば、努力しなくてはいけないし、戦略を考える必要もある。それが人生のスパイスになります。「ま、いいか」は禁句にしていきましょう。

四緑木星

6
月生まれ
(6/5〜7/6)

方位・イメージ

中宮／太陽

あなたから見ていい相性

◎ オールマイティな相手

五黄土星
六白金星
八白土星

☼ よき仕事仲間

五黄土星
七赤金星

handling instructions

この生まれのトリセツ

いちばんは束縛しないこと。そして、頼りにすることです。自由にさせて褒めると燃えるタイプで、意外に人のために頑張ってくれます。

この生まれの著名人

釈由美子

辻希美

基本性格

とても芯が強く、型にはめられるのが大嫌い。人の言うことにも耳を貸しません。独立独歩の自由人で、強烈なパワーをもった人です。ただし、表面的にはその強さを出しませんし、とても社交的で人当たりもいいので、親しくなって素のあなたを知った人は第一印象とのギャップに驚くことでしょう。

裏表がなく、周りをよく見て配慮できる細やかさがあり、人を引っ張っていく力があります。自ら人生を切り拓いていくべき人で、軌道に乗ると周囲にもいい影響を与えることができます。若いうちにいろいろな経験をして、夢中になれるなにかを見つけると開運します。海外にも縁があるので、グローバルな仕事もおすすめです。小さな世界にとどまっていてはもったいない生まれです。

恋愛・結婚

自分の主張を曲げてまで人に合わせるという気はまったくありませんので、恋愛や結婚の失敗も多くなるでしょう。それもまた、あなたにとってはいい経験。失敗をいかして次につなげることができる人です。理想が高いわけではありませんが、よほどの人でないと上から見てしまう傾向があります。尊敬できて、あなたを自由にさせてくれる相手が見つかれば最高です。

お金

細かな節約はできないでしょう。人を惹きつける魅力をもっていますので、困ったときにはどこからか助けてくれる人が現れます。お金はなんとなく入ってくるタイプなのですが、自身でも大きく稼げる力をもっていますので、大きく動かしていきましょう。

健康

気の流れを速くしておいたほうが、調子がいい人です。超せっかちなのもそのため。家でゆっくりまったり過ごしていると、むしろだるさを感じます。女性は子宮、男性は前立腺の病気に気をつけて。腸が弱い人が多い生まれでもあります。

注意ポイント

持ち前のそのパワーをいかして自らの人生を歩んでいかないと、面倒くさい人になってしまいます。その害を受けるのが、身近にいる家族です。子どもに対し「あなたのためだ」と言いながら、本人の気持ちを考えず習いごとをさせたり、支配しようとします。あなたにとってヒマは最大の落とし穴ですが、自分以外をヒマつぶしに使ってはいけません。このことを覚えておくと人生が好転します。

四緑木星

7月生まれ
(7/7〜8/6)

方位・イメージ
北西/天

あなたから見ていい相性

◎ オールマイティな相手
七赤金星

♥ 恋愛にいい相手
五黄土星

handling instructions

この生まれのトリセツ

じつは頼りにされると嬉しい人なので、なにかをお願いすると張り切ってくれます。反対に、上から抑えつけるとやる気をなくすので注意。

この生まれの著名人

船越英一郎

長谷川京子

基本性格

よく言えばおおらか、悪く言えば雑な人です。危機管理能力が低いので、問題に気づくのが遅れがち。細かいことは気にしませんし、人に対して細やかに気遣うことは得意ではありません。それでいて、周りの協力を得て上がっていく運をもっています。とくに年上の人からはかわいがられますので、引き立てられながら自分の道を見つけ、自信をもてると人生が開花します。ただし、周りに甘やかされたまま年齢を重ねると、常識と言われる当たり前のことを理解していなくて困ることがあるかもしれません。

いつもなにかしらの問題はあるのですが、それはあなたが無意識に刺激的なほうを選んでいるから。そもそも安定しない人生なので、そういうものだと割り切りましょう。メンタルの強さがあるので、みんなが躊躇してしまうようなことにチャレンジするのもおすすめです。あなたならきっと成し遂げられます。

恋愛・結婚

結婚や恋愛の相手としては、あなたの自由を尊重しながら、ゆったりと手綱を握ってくれるような人がいいでしょう。年上との相性がいいのでうまく甘えていきましょう。ただし、わがままになりがちですので、時には相手に譲ることも大切です。

お金

お金の管理にはまったく向きません。「なんとかなる」と思っているうちに、なんともならなくなるのがあなた。気づいたらまったくない！なんてことにもなりかねません。なにに使ったかわからないのに消えているタイプです。管理は信頼できる人に任せることをおすすめします。

健康

自己管理能力がなく、病院に行って「こんなになるまで、どうしてほっといたの!?」と言われるタイプです。いろいろな病気になりやすいので、一年に一回は必ず健康診断を受けましょう。また、腰痛もちの人が多い生まれです。

注意ポイント

幼少期も元気で快活、じっとしていられないタイプです。それが災いしていじめにあったり、親からひどく叱られたり抑えつけられたりすると、自分を出さない大人になってしまうことがあります。そうなると、あなたのよさをいかしきれません。思い当たる人は、自分を変えていくことを意識すると大きく開運していきますよ。言ってはいけないタイミングで、絶対に言ってはいけないことを言いがち。舌禍を招きやすいので、気をつけましょう。

四緑木星

8
月生まれ
(8/7〜9/6)

方位・イメージ
西/沢

あなたから見ていい相性

◎ オールマイティな相手
六白金星
七赤金星

♥ 恋愛にいい相手
六白金星

☼ よき仕事仲間
一白水星
七赤金星

handling instructions

この生まれのトリセツ

褒められるのが好きで、「〇〇さんといると楽しい」と言われると弱いタイプです。気持ちよくなってどんどんおごってくれますよ。

この生まれの著名人
柴田恭兵
秋山竜次(ロバート)

基本性格

子どもの頃のとても引っ込み思案な性格から180度変わるタイプ。大人になると非常に社交的で、柔軟にコミュニケーションが取れるようになります。もし、同窓会に行って「変わったね!」と言われたら、宿命に沿ったいい生き方をしているといえます。大人になった今でも人づきあいが苦手なら、意識的に人とかかわるようにしてください。あなたは人によって幸運をもたらされる生まれです。自分に自信がないと人と深くかかわることはできません。結果、仕事運も金運も落ちるという悪い流れに入ってしまいます。プライドが高すぎるあまりに失敗を恐れるきらいがありますが、勇気をもって人生を謳歌してください。

子どもの頃の性格からサポートが向いていると思いがちですが、華やかな職種のほうが合っています。人とかかわる楽しい仕事で活躍できます。企画を立てることも得意ですので、イベント関係やマスコミ関係などが向いています。

恋愛・結婚

友達みたいなカップル、夫婦がいいでしょう。あなたはとても楽しい人なのでモテます。そのため、時に誤解されることがあり、家族の信頼を失わないよう注意してください。楽しさ重視もいいけれど普段から信頼関係はしっかり築いておきましょう。束縛を嫌うので、独身を貫く人も多いでしょうが、それも悪くはありません。

お金

「昔は貯金が上手だったんですけど、今は全然ありません」といったタイプ。幼少期の性格が残ると、貯めることができバランスはいいのですが、大人になったら基本、お金は出ていきます。物欲も強いので貯まりません。投資をするもよし。副業をするもよし。あるものを節約するのではなく、どう増やすかを考えましょう。

健康

自己管理能力が低く、調子がいいのでおつきあいを頑張ってしまいがち。疲れが肌に出ます。ちょっと疲れたら休むこと。椎間板ヘルニアや腰痛に悩まされる人も多いです。

注意ポイント

人生がどうなるか、その90%が親の影響で決まってしまう生まれです。もし親が人生を楽しんでいたら、あなた自身もそうなりやすいですし、親が幸せそうに見えない場合は、ちょっと危険。早く親から自立をすることが大切です。30歳を過ぎても実家にいると運気は急下降していきます。“自分の人生を生きる”という覚悟が、あなたに幸運をもたらします。

四緑木星

9
月生まれ
（9/7～10/7）

方位・イメージ
北東／山

あなたから見ていい相性

◎ オールマイティな相手
四緑木星

♥ 恋愛にいい相手
七赤金星

☼ よき仕事仲間
四緑木星
九紫火星

handling instructions

この生まれの
トリセツ

「大丈夫」というひと言が、悩みがちなこのタイプを救います。決断をせかさず、待つことが大事。そうすると実力を発揮してくれるでしょう。

この生まれの著名人

若林正恭（オードリー）

ユージ

基本性格

多くの人があなたのことを明るくて調子のいい人だと思っていますが、じつはとてもナイーブ。決断するのがとても苦手で、悩みがち。しかも、外に吐き出すことが上手ではありません。スピード感もありませんので、即断即決が求められるような仕事は向きません。決断力がないことをダメだと感じ、無理をする人が多いのですが、無理を続けていくと、どこかで歪みが生じます。納得するまで悩み、ゆっくり決めていけばいいですし、人に頼っていきましょう。そうすることで運を引き寄せられます。

キャリア型を目指そうとしがちですが、本来、仕事でも家庭でもサポートに回ったほうが心穏やかに過ごすことができる人です。与えられた仕事は、確実に完璧にこなすスキルをもっているので、誰からも頼りにされる存在になるはずです。優秀な秘書になれるような、そんなタイプです。

恋愛・結婚

「この人でいいのかな？」と考えてしまうと、いつまでも悩みます。お相手としておすすめなのは、5歳以上年上の人。ストレスを溜めがちなので、優しく話を聞いてくれる人がいいでしょう。家を居心地よくするのが開運の大前提。いい結婚をして、おいしい料理をつくって、居心地のいい家に住んで……という生活に喜びを感じるようになります。パートナーとの仲がうまくいかないと我慢して我慢して不倫に走るタイプです。

お金

あまりお金を使うこともありませんし、上手に貯めることができるでしょう。ただし、我慢強くギリギリまで辛抱するので、心のバランスが取れなくなると浪費してしまいます。買いものでストレスを発散して散財しないためにも、上手にガス抜きする方法を見つけましょう。

健康

情緒不安定なところがあるので、メンタルを壊さないようにしてください。自律神経系の乱れが体調不良につながりやすいです。健康面ではその我慢強さを発揮せず、体調の変化に敏感になって、早めに病院に行きましょう。女性は子宮、男性は前立腺の疾患に気をつけて。

注意ポイント

パートナーでも友達でもいいので、悩みやグチを吐き出せる人を見つけておきましょう。溜まったストレスを外に出していかないと、アルコールなどへの依存につながります。子どもに対し恨みつらみをぶちまけたり、干渉したり束縛したりするようになると大問題です。

四緑木星

10

月生まれ

(10/8～11/6)

方位・イメージ

南／火

あなたから見ていい相性

◎ オールマイティな相手

二黒土星

♥ 恋愛にいい相手

五黄土星

☼ よき仕事仲間

三碧木星

handling instructions

この生まれの
トリセツ

意外にもプライドがかなり高いので、「センスがいいね」などと褒めると喜んでくれます。個性を尊重するといい関係が築けるでしょう。

この生まれの著名人

及川光博

渡辺直美

基本性格

自分自身では気づいていませんが、かなりの不思議ちゃんです。勘が鋭く繊細で、霊感が強いところがあるかもしれません。人と着眼点がまったく違うため、幼い頃から周囲とのズレを抱えて育ちます。大人になっても人とのコミュニケーションは得意ではなく、孤立しやすい傾向が。周りからの評価を気にしがちですので、一般社会としっくりこないうえに、苦しさも覚えます。

共感し合える相手を見つけられるかどうかが人生の明暗を分けます。自分を表現できる場所を見つけ、個性的な自分を認めてあげられると、気持ちが楽になり運が開けていきます。いわゆる普通の会社はなじめません。多様性を認めてくれる企業で働くか、音楽や芸術など個性で勝負できる仕事がいいでしょう。

恋愛・結婚

恋愛に対して臆病になったり、少し優しくされただけで相手に夢中になりすぎたり、苦労をするかもしれません。共通の趣味をもつ人など、理解し合える人を見つけるのがいちばんです。納得する人と出会えるまで妥協しないほうがいいのですが、独身を貫くのはおすすめしません。仲のいい友達も少ないでしょうし、決断力に欠けるあなたが一人で生きていくと、いずれ苦しくなります。感性が合い、頼れる相手が見つかればベストです。

お金

自分が周囲から浮いてしまう個性の持ち主だということを自覚して、認められるようになると、すべてのバランスがよくなり金運も好転していきます。

自分の趣味にはお金をどんどん使うタイプですが、使うべきところと使わないところのメリハリがあるので、しっかり貯めていけるでしょう。

健康

人間関係に悩むケースが多いので、うつ病など精神的な疾患に注意が必要です。脳梗塞や心筋梗塞、女性の場合は子宮の病気にも気をつけて。

注意ポイント

まずは、自分が周りの人とちょっと違った感性をもっていること、そしてそれは悪いことではないと知ってください。そうすれば対処法が立てられます。外では周囲と表面的に合わせつつ、プライベートでは同じ趣味をもつ人や気の合う仲間やパートナーに自分を解放してストレスを発散する。これができるだけで、生きやすさは格段に変わってくるはずです。

四緑木星

11
月生まれ
(11/7～12/6)

方位・イメージ
北／水

あなたから見ていい相性

◎ オールマイティな相手
一白水星
三碧木星
六白金星

♥ 恋愛にいい相手
一白水星

よき仕事仲間
五黄土星
六白金星

handling instructions

この生まれのトリセツ

表面的には明るく見えるけれど、じつは一人の時間が必要なタイプ。かまいすぎず、時には放っておくことでいい距離感が生まれます。

この生まれの著名人
長瀬智也
椎名林檎

基本性格

とても賢い人です。でも、要領が悪いところがありバカがつくほどのお人好し。人からの頼まれごとを抱えすぎて自分のすべきことが後回し、なんてこともあるのでは？明るく快活に思われがちですが、気持ちの切り替えが下手で悩みごとも吐き出せず、いつまでも引きずってしまうタイプです。そんな自分を受け入れ、「ま、いいか」と思えるまでとことん考えてください。そして、誰かに聞いてもらうことでバランスを取っていきましょう。

運気が上がっていると本能的に人に甘えられるのですが、どうしても無理して強くふるまいがち。一人でいる時間が必要な人ですが、人生を一人で生きていくことには向きません。どうしたら周囲にかわいがってもらえるかを考え、スキルとして身につけると格段に生きやすくなります。

恋愛・結婚

恋愛や結婚の相手は、あなたをどっしり受け止めてくれる人を選びましょう。パートナーに主導権をもたせ、重要なことは決めてもらったほうがいいです。相手も決めるのが苦手なタイプの場合は、二人で相談しながら進んでいきましょう。ただし、甘えてもいいと思った相手に依存する傾向があるので注意して。

お金

自分で稼いで回していくというタイプではありません。パートナーが頑張れるよう、上手に甘えて励まし、支えていくほうが金運は上がります。金銭的に不安を抱えない程度に、貯蓄を心がけましょう。気持ちの切り替えが苦手でストレスが溜まると買いものに依存することがあるので、気をつけましょう。

健康

メンタルケアを心がけてください。我慢して我慢して最後にポキッと折れてしまうタイプなので手遅れにならないように。腰痛も出やすいので、ヨガやストレッチ、筋トレなどがおすすめです。冷え性の人が多い生まれなので、湯船に浸かるなどの対策をしっかりと。

注意ポイント

自分が溜め込みやすいタイプだということを自覚しましょう。溜めてしまうのはものやストレス、悩みだけではありません。苦手な人やいびつな人間関係も切ることができません。まずは、不用品の処分から始めることをおすすめします。人生で必要なものの優先順位をつける練習になるからです。不要なものを手放す開放感を知ると、人間関係を含めシンプルにしていくきっかけになります。

四緑木星

12
月生まれ
(12/7〜1/4)

方位・イメージ

南西 / 地

あなたから見ていい相性

◎ オールマイティな相手
三碧木星

♥ 恋愛にいい相手
八白土星

✿ よき仕事仲間
四緑木星

handling instructions

この生まれのトリセツ

しんどそうにしていたら「なにかあったら、いつでも話を聞くよ」とさりげなく声をかけて。本音を話しやすい環境を与えてあげると◎。

この生まれの著名人

堂本光一

安藤美姫

基本性格

子どもの頃は押しの強いとても積極的な性格ですが、大人になるとコミュニケーションが不得手になり、感情を出さなくなります。まったく違う性格に変わりますが、その変化に気づいていない人が多いです。他人に心を開かず、本音を言えないためモヤモヤが大きくなり、最後の最後に爆発するタイプです。

自分なりのこだわりがあり、感性が独特なため周りからは理解されないことも多いでしょう。頑固でなかなか素直になれない面もあるようです。あなた自身が物事を動かしていく主体になるより、サポート役に徹すると、驚くほど気持ちが軽く役割をまっとうすることができます。コツコツ努力でき、それが実を結ぶ人。支えてくれるパートナーがいると安定します。

恋愛・結婚

人といると疲れてしまうでしょうが、自分のためよりも人のために頑張れるタイプなので、パートナーとともにある人生を歩みましょう。家のなかをきれいに整え、おいしい料理をつくり、家庭を癒しの場にしていくことであなたの運気も上がります。

怒らせたら1か月は口をきかないという激しさもありますが、関係をこじらせないよう、パートナーにはその都度、自分の思いを言葉にしていきましょう。

お金

浪費するタイプではありませんし、細かな計算もできるので上手に節約ができるでしょう。ただ、自分で大きく動かすタイプではありません。パートナーに家計を支えてもらいながら、あなたもサポートしていくスタイルで不安なく過ごせるでしょう。

健康

我慢からの食べすぎ・飲みすぎによる生活習慣病と、胃かいよう、食いしばりによる顎関節症に注意を。ストレスを上手に発散することが、あなたの健康維持にはとても大切。生まれつき扁桃腺やのどが弱く、ぜんそくもちも多いです。

注意ポイント

時に言葉が強くなりがちです。勢いで言ったひと言が大きなトラブルを招くことがあります。とくに、家族に対しては心のバランスが乱れたままに、自分のこだわりをぶつけてしまう傾向があります。あなたにとって癒しの場であるべき家庭を、自身の言葉で壊してしまっては大変です。感情に任せて言葉を発する前に、そのひと言がどんな影響を与えるかを考えるようにしてください。

四緑木星

1
月生まれ
（1/5～2/3）

方位・イメージ
東／雷

あなたから見ていい相性

◎ オールマイティな相手
四緑木星
八白土星

♥ 恋愛にいい相手
四緑木星

よき仕事仲間
五黄土星
八白土星

handling instructions

この生まれのトリセツ

「尊敬してます」と言われると嬉しくなってどこまでも頑張れるタイプ。自信をもたせ、褒めて伸ばしていくのがいちばんです。

この生まれの著名人

上島竜兵

川島 明（麒麟）

基本性格

いつもなんとなく目立っていてグループのセンターにいる、それがあなたです。頭の回転が速く、好き嫌いもハッキリ。常に新しいことに興味をもち、コレ！というものを見つけると集中する力があります。ただ、それを邪魔する人（もの）に対し、強い不快感を覚えます。立ち止まった時点で運気が下がるタイプですので、若いうちに全力で取り組めるなにかを見つけられると飛躍していきます。

単純作業や細やかな仕事には向かず、人を育てる能力には欠けるでしょう。チームで進めるものより、自分一人の裁量でできる仕事が向いています。人とかかわることが推進力となりますので、持ち前の社交性をいかせるとさらにいいでしょう。自信をもって人生を歩めると、プライベートも充実し、運気はどんどん上がっていきます。

恋愛・結婚

友達のような関係が結婚生活でも続いていくといいでしょう。あなたが主導権を握っていくほうがうまくいきます。パワーが強いので、時間をもて余すような生活を送るとパートナーを束縛し、結果、浮気をされます。相手を思うことは大切ですが、相手のことしか見えないような状態には決してならないでください。

お金

興味・関心のないことに対してはお金を一切使いませんが、自分の好きなことには糸目をつけずつぎこんでしまうタイプです。が、それもあなた自身への投資になるので、決して無駄づかいではありません。好きなものにはとことん使って稼ぎ、お金を回していきましょう。それが金運を上げる基本になります。

健康

社交的でつきあいがどうしても多くなりがちです。お酒の飲みすぎには注意しましょう。過度な飲酒は脳梗塞、心筋梗塞のリスクを上げます。

注意ポイント

なにも打ち込めるものがない、日々、ぼんやりと時間が過ぎていくような生き方をすると、自尊心が満たされず、その反動で面倒くさい人になります。本来、目立つべき人ですから、自信がもてず裏側に隠れ、人とかかわらないと運気はさらにダウン。凡庸な人生どころかトラブルを引き寄せてしまいます。運気を上げたいなら、自信をもつことがなによりも大切だと自覚してください。なかなか目標が見つからないなら、ダイエットでもランニングでも、なんでもかまいません。小さな成功体験を積むようにして。

五黄土星

2

月生まれ

(2/4～3/4)

方位・イメージ

北東／山

あなたから見ていい相性

◎ オールマイティな相手

六白金星

七赤金星

♥ 恋愛にいい相手

七赤金星

☼ よき仕事仲間

三碧木星

六白金星

handling instructions

この生まれのトリセツ

いい人だけど、ちょっとつかみどころがないタイプ。根底に不安を抱えているので、褒めて安心感を与えると積極性が出てきます。

この生まれの著名人

亀梨和也

松岡茉優

基本性格

明るくて人当たりはいいし、頭の回転も速くて高い能力をもっているのですが、自分で決断することが極端に苦手。プライドの高さから失敗を恐れて挑戦を避ける傾向があります。フットワークも重くて、石橋を叩いて叩いて割ってしまうタイプです。「こうしたい！」という強い欲望がなく、なぜか充足感を得られず一人で悩んでしまうなど、自分でも自分のことがわからず、迷走しがちです。

開運するには自分にとってなにが幸せなのかを知ること。幸せな結婚をして子どもを育てたいのか、仕事を頑張りたいのか──。自分がどんな人生を送りたいのかを早く知ると、実力はあるしバランスもいいので満ち足りた人生を送ることができます。

同じことを繰り返す単純作業や、人のサポートに回るよりは、難しい資格を取得したり、結果がハッキリと出る仕事を選ぶと達成する喜びを知ることができます。

恋愛・結婚

誰かに引っ張ってもらうことで、断然生きやすくなります。年上の尊敬のできる、周囲に誇れるようなパートナーを選ぶのがいいでしょう。パワーが強く、専業主婦（主夫）は向いていませんので、仕事と両立していくか、家庭に入るのであれば、たくさん子どもを育てるなどして忙しくしていてください。

お金

そんなに使わないので、しっかりと貯めていくことができます。もともと、お金を使うのが得意なタイプではありませんので、意識的に自分磨きにお金を使っていくといいでしょう。極端な節約に走ると、かえってバランスを崩し、お金が残らなくなります。

健康

腰がウィークポイントなので運動習慣をつけてほしいのですが、ストイックになりすぎると逆効果。あなたはなにごとも「ちょっとだけ頑張る」を意識することが大切です。ガンにも注意してほしい生まれです。

注意ポイント

周りの人にとっては、とてもつきあいやすい「いい人」ですが、ただの「いい人」で終わらないことが開運的にはとても大切です。人生なにごともなく無難に終わる、ということにもなりかねません。平凡な人生では満足できないのがあなたです。能力も高いので、ヒマをもて余すのはもったいない。迷ったらちょっと大変なほうを選ぶ、という意識をもつようにしましょう。

五黄土星

3
月生まれ
(3/5～4/3)

方位・イメージ

南／火

あなたから見ていい相性

◎ オールマイティな相手

五黄土星
七赤金星
八白土星

♥ 恋愛にいい相手

四緑木星

✿ よき仕事仲間

二黒土星
七赤金星

handling instructions

この生まれのトリセツ

「やっぱりセンスがいいですね！」などとプライドをくすぐりましょう。自信をもっと生来の面倒見のよさを発揮してくれる人です。

この生まれの著名人

舘 ひろし

レディー・ガガ

基本性格

目立ちたい、人に評価されたいという欲求を抱きながら、失敗を恐れて前に進めない自分がいます。そのジレンマに苦しむ人も多いでしょう。人見知りのところもあって、長い時間、人とかかわっていると疲れてしまいます。そんな自分を変えたいけれど、プライドの高さゆえに勇気を出せないのがいちばんの弱点です。あなたは経験値を積めば積むほど魅力的になる人。失敗が糧になり、開運していくタイプです。失敗をたくさんすることで人とのかかわり方がうまくなり、運が寄ってきます。生来のセンスのよさもあり、目上からかわいがられ下からも慕われるようになるでしょう。挑戦する勇気をもてるかもてないかが、運をつかむための分かれ道と心得て。

飽きっぽいところがありますが、変化を嫌うので、運が落ちているときは人のアドバイスも聞きません。運気を上げることより下げないことが大切なタイプです。

恋愛・結婚

「一人でも生きていけそう」と言われがちですが、実際は支えてくれる人が必要なタイプ。仕事か家庭のどちらかではなく、両方手にしたほうが充足します。相手は、誰もが「素敵な人」とうらやむハイスペックな年上か、母性（父性）本能をくすぐるような年下か。同世代は物足りなく感じる傾向があります。

お金

仕事でもプライベートでも、自信をつけると金運は上がります。意識しないとなんとなく使ってしまうタイプですから、どうせなら自分を満足させられる高品質なものを選びましょう。

健康

きちんとした性格ゆえに、イライラと怒ることが多く、のどに疲労が溜まります。ストレスは脳梗塞や心筋梗塞のリスクにもなりますし、ガン発症の要因とも指摘されているので心穏やかに過ごすことを意識して。

注意ポイント

運気が落ちると、なにもチャレンジしなくなりますし、口が達者なのでとても面倒くさい人になります。自分を守るため、言葉で相手を攻撃してしまうのです。正論をぶつけ相手を完膚なきまでに言い負かして傷つけたり、言い訳をいくつも並べたて自己正当化したり。それもあなたのプライドの高さゆえ。自分が傷つかないための防御行動ではありますが、正論ほど人を傷つけるものはありませんので、気をつけましょう。

五黄土星

4
月生まれ
(4/4～5/4)

方位・イメージ
北／水

あなたから見ていい相性

◎ オールマイティな相手
五黄土星

☼ よき仕事仲間
五黄土星
六白金星

handling instructions

この生まれのトリセツ

プライドの高さをうまくくすぐれるといいのですが、普通に褒められても嬉しくない人。どうしたら喜ぶのか、ツボを見極めて。

この生まれの著名人

和田アキ子

沢尻エリカ

基本性格

自分も周囲もあなたのことをサバサバとした性格だと思っているかもしれませんが、じつは違います。幼少期は強気で自分を押し出していくタイプでしたが、大人になるととても繊細な性格に変化します。悩みがちなのに、我慢強いのでそれを吐き出すことも苦手です。性格が変わったことを自覚できると、生きるのが楽になるでしょう。

決断力がなく慎重さもあって、コレ！と決めるまでかなりの時間がかかりますが、一度スイッチが入ると貫き通す力をもっています。とても頭のいい人ですので、一生、その道でやっていける難関資格を取るといいでしょう。医師免許や弁護士資格なども夢ではありません。なるべく若いうちに経済力をつけておくと、人生における不安を減らすことができ、開運していきます。自分の「武器」をつくっておくと、格段に生きやすくなる生まれです。

恋愛・結婚

仕事も家庭もという両立が充実感をもたらします。結婚後も自分で稼げるほうが、メンタルが安定するタイプです。相手はあなたに代わって重大な決断をしてくれる人がおすすめです。甘えさせてくれる頼りがいのある人が好相性ですが、あなた自身とても面倒見がいいところがあるので、母性（父性）本能をくすぐってくれつつ、決断力のある年下も合うでしょう。

お金

賢い人なのでしっかり貯められます。投資信託など、そこそこ手堅い投資もおすすめです。ただし、不安を抱えないほうがいいタイプなので、ハイリスクハイリターンな金融商品に手を出してはダメ。

健康

決して要領がいい人ではないので、忙しくしていると心のバランスを崩してしまいます。それが体調不良や不慮の事故につながることも。我慢強く極限まで耐えてしまう自分を理解して、メンタルケアを怠らないで。ガンになりやすい生まれなので注意を。

注意ポイント

常にいくつもの不安を抱えながら、それをうまく外に出すことができません。プライドが高く、意固地なところもあるため、人から評価されても素直になれず小バカにされているように感じてしまうことも。ストレスや疲労を溜め込みやすいので、部屋に観葉植物などを置いてリラックスをする、体を冷やさないように温めるなど、日常生活の小さなことから意識していきましょう。

五黄土星

5
月生まれ
(5/5～6/4)

方位・イメージ

南西／地

あなたから見ていい相性

◎ オールマイティな相手

一白水星
三碧木星
六白金星

♥ 恋愛にいい相手

六白金星

⚙ よき仕事仲間

一白水星

handling instructions

この生まれのトリセツ

あまり干渉しすぎず、時に放っておいてあげるほうが安定するでしょう。一人になれる空間をつくってあげるととても感謝されます。

この生まれの著名人

渡部篤郎

上野樹里

基本性格

警戒心が強く、簡単には心を開きません。人を信用できないタイプです。でも、表面的にはとてもオープンでフレンドリー。そのため、深くつきあうようになった相手に、最初の印象と全然違う！と驚かれることもあるでしょう。あなた自身も自分が思い悩むタイプだと気づいていないかもしれません。

基本的にはキャリアを積む道を選んだほうが運気は上昇し、モテるようになります。大きな組織で存在感のある仕事をするのもいいですし、フリーランスでもやっていけます。ただ、思い切りのよさはありませんので、独立起業となるとちょっとしんどくなります。

結婚しても、仕事と家庭のバランスを取っていけるでしょう。運気を安定させるには、親と一定の距離を保ったつきあい方をしていくことをおすすめします。

恋愛・結婚

仲のいいあたたかい家庭を築けると、運気のバランスがとてもよくなります。パートナーとなる人は、あなたを引っ張ってくれる頼りがいのあるタイプがいいでしょう。世話好きなあなたの母性（父性）本能をくすぐるタイプもおすすめですが、重大な決断をあなたがするのはしんどくなるので、相談して決めるようにしましょう。

お金

ちゃんと貯めることができますし、しっかり稼ぐこともできます。収支のバランスはとてもいいでしょう。ただし、親との関係でストレスを抱えると、バランスのよさが崩れてきます。イラ立ちや不満から散財するようになるので注意してください。

健康

腰痛やヘルニアに悩まされる人が多い生まれです。日常生活にストレッチやヨガを取り入れて。脳梗塞など、脳の疾患にも要注意。ガンになりやすい生まれなので、異変を感じたらすぐに検査を受けてください。

注意ポイント

親の影響を強く受ける生まれです。とても甘やかされて育ったか、厳しく支配されて育ったか、いずれにせよ、親との関係性が弱点になる人が多いです。物理的な距離をしっかり取ることが幸せにつながります。実の親だけではありません。結婚してパートナーの家に入ると運気が下がります。どうしても同居が避けられない場合は、仕事に出るなど、なるべく顔を合わせないよう工夫して。親がからむことによって夫婦仲がうまくいかなくなります。

五黄土星

6
月生まれ
(6/5～7/6)

方位・イメージ
東／雷

あなたから見ていい相性

◎ オールマイティな相手
二黒土星
八白土星

☼ よき仕事仲間
一白水星
八白土星

handling instructions

この生まれのトリセツ

「決めてくれると助かるな」がキラーワード。決定権を与えると気をよくするタイプです。抑えつけず、好きなようにさせておくのがいちばん。

この生まれの著名人
松 たか子
本田圭佑

基本性格

エネルギッシュな人です。非凡な人生を歩むことで魅力が増し、たくさんの人が集まってきます。一方、我慢ができない自由人ですので、トラブルも少なくないでしょう。さまざまな経験をするなか、押すべきところと引くべきところを学んでいけば人生はうまく回っていきます。

負けず嫌いなので努力しますし、言ったことはやり切ります。その姿を見て、あなたを引き立ててくれる人も現れるでしょう。ただ、自分でコレ！と決めるとなりふりかまわないので、やはり自分勝手と思われることも。

上から抑えつけられるのが大嫌いなので、ベンチャーなどの自由度が高い職場が向いていますし、保守的な職場であれば、緩衝材になってくれる仲間が必要でしょう。有無を言わさないほどの結果を出しつつ、譲ることを覚えられたら、最高に開運します。

恋愛・結婚

一人でも生きていける強さをもっていますが、独身を貫くと人生の学びが少なくなるタイプです。両立型ですので、パートナーと人生を歩む道をおすすめします。あなたを自由にさせておいてくれる人とならうまくいきます。もしくは、猪突猛進なあなたのブレーキ役となり、冷静さを取り戻すようなアドバイスをくれる相手もいいでしょう。

お金

親分肌＆姉御肌気質で、とても面倒見がいいのでお金は出ていきますが、それでいいのです。たくさん稼いで、たくさん使う循環型です。運気が落ちるとケチケチするようになりますが、そうすると金運はどんどん下がってしまいます。人の喜びのために使うお金は投資だと思ったほうが、俄然、運は上がります。

健康

自己管理が苦手なので、手遅れになりがちです。一度病気になると、次々にほかの疾患も見つかり大ごとになるタイプ。ガンになりやすい生まれでもあるので、日々の体調の変化に敏感になってください。

注意ポイント

思ったとおりにいかないとイライラし、周囲にキツイ言葉を投げかけ傷つけることも。口が達者なため、職場ではパワハラ、家庭ではモラハラをしてしまうことにもなりかねません。コレ！という譲れないなにかを見つけ、打ち込むことで確固たる自信をつけておくと、心が乱れにくくなります。持ち前のパワフルさを上手にコントロールできると、なにごともうまくいきます。

五黄土星

7
月生まれ
(7/7～8/6)

方位・イメージ

南東／風

あなたから見ていい相性

◎ オールマイティな相手
四緑木星

♥ 恋愛にいい相手
八白土星

☼ よき仕事仲間
四緑木星

handling instructions

**この生まれの
トリセツ**

つきあいやすい人です。みんなと楽しく仲よく過ごせることに喜びを感じるので、もし孤立しているようなら声をかけるといいでしょう。

この生まれの著名人

杉本 彩

鈴木紗理奈

基本性格

コミュニケーション能力が抜群で面倒見もよく、人をイヤな気持ちにさせない才能をもっています。ただし、だからこそ当たり障りのない「いい人」で終わってしまう可能性もあります。本来は上を目指す生き方が向いている人。なまじ柔軟性があり、どこにでも居場所をつくれるので、うまくいかないとすぐ次に移るクセがあります。壁にぶつかってもあきらめずに結果を出し、誇れる自分になると人生の楽しさが格段に上がります。可もなく不可もなくで終わらないように、どうしたら自分が幸福を感じるかを早く知ることがとても大切です。

人とかかわることで運気が上がる生まれなので、接客業や営業職で活躍できます。歩合制で自信をつけられたら最高。仕事で成果を出すと、“人柄もよく仕事もできるパーフェクトな人”として周囲から尊敬を集めるでしょう。

恋愛・結婚

どんな相手ともそれなりにうまくやっていくことができますが、型にはめられないほうが幸せを感じます。面倒見がいいので年下も合いますし、いろんなことを一緒に決めていく友達カップルも楽しいでしょう。子育てをしながら仕事をしていくことに充実感を覚えるタイプです。家庭に入るなら、子どもをたくさんつくって忙しくしているほうが幸せを感じるでしょう。

お金

浪費することもありませんし、貯めることもできる人です。お金のバランス感覚がとてもいいので、苦労することはありませんが、貸し借りにだけは気をつけて。いい人なので借金を申し込まれやすいうえに、「返して」と言えずに悩むタイプです。

健康

普段、細かいことを気にしないので、定期健診だけは欠かさずに。旅行でストレス解消もおすすめです。ガンになりやすい人が多い生まれなので、少しでもおかしいと感じたら病院に行くようにしてください。

注意ポイント

よほど運気が落ちていない限り他人を攻撃することはありません。注意すべきは人が好きすぎる点。ヒマをもて余すと相手の都合を考えず話しかけたりかまったりして、迷惑な人になってしまうことも。いちばんの問題は「いい人で終わりがちなこと」ですが、あまりに自分を追い込んで無理をすると、性格がキツくなり最大の魅力が失われてしまいます。バランスを保つことを意識して。

五黄土星

8
月生まれ
(8/7～9/6)

方位・イメージ
中宮／太陽

あなたから見ていい相性

◎ オールマイティな相手
一白水星
九紫火星

♥ 恋愛にいい相手
九紫火星

よき仕事仲間
一白水星
四緑木星

handling instructions

この生まれのトリセツ

「あなたならできる！」のひと言が効きます。生まれつきの才能をいかせるよう、きっかけを与えるなど、ハッパをかけるといいでしょう。

この生まれの著名人
氷川きよし
ダルビッシュ有

基本性格

108パターンのなかで、もっとも強烈な個性をもつ生まれです。天才型かつなにごともこなせる器用さもあります。人生大ブレイクするか、まったくなにごとも起こらない凪のような人生になるかハッキリ分かれがちです。大ブレイクするためには、多少の頑張りでは意味がありません。人の何十倍もの努力をすると、もって生まれた能力がいき、何百倍にもなって返ってきます。

器用にそつのない人生を送るよりも、ひとつ道を決めて、がむしゃらに努力しなくてはならない環境に身を置くほうが断然面白くなる生まれです。能力が高すぎるゆえ、高いところを目指して心折れてしまう人もいます。今さらそこまでは……という人もいるでしょう。だとしたら副業でも趣味でも今の生活になにかプラスをして、気の流れを動かしましょう。きっと運を引き寄せられるはずです。

恋愛・結婚

運の波に乗っていれば、とてもモテます。柔軟性があるので誰とでもつきあえますが、自分が大好きだと思える人はなかなか出てこないでしょう。頑張っている自分を応援してくれる人、時に厳しく叱ってくれる人がおすすめ。目標に向かって一緒に楽しく頑張っていける同志のような夫婦になれたら最高です。

お金

必死になって努力をすると、大きなリターンを得ることができる人です。桁違いのお金が入ってくることもあるでしょう。が、運気が落ちるとまったくなくなってしまいます。金運の波も激しいので運気を落とさないことが大事。一流のものを身につけることが開運につながりますので、投資だと思っていいものを選んで。

健康

基本的に体はとても丈夫。連日の徹夜も平気というタイプです。ただ、機械の体ではありませんので疲れは蓄積していきます。腰痛を起こしやすいのと、ガンになりやすい生まれなので要注意。

注意ポイント

目立っていないとダメな人です。しかし、思うように結果を出せないと、自尊心がみるみる失われ、自分を隠そう隠そうとしてしまいます。それが運気を低迷させ、さらにうまくいかなくなるという悪循環に陥ります。自信をもった生き方をするのがポイントです。大変だけど満たされる人生か、満たされないけど楽な人生か。どうせなら前者をおすすめします。

五黄土星

9
月生まれ
(9/7～10/7)

方位・イメージ
北西／天

あなたから見ていい相性

◎ オールマイティな相手
六白金星
七赤金星

♥ 恋愛にいい相手
一白水星

☼ よき仕事仲間
七赤金星

handling instructions

この生まれのトリセツ

人に話すことで気づきを得られるタイプなので、不安そうにしていたら、「大丈夫？」と声をかけて、話すきっかけを与えましょう。

この生まれの著名人

石井竜也

安室奈美恵

基本性格

人当たりがよく、とてもおおらか。年上から好かれ、気が利かないところも許されてしまう、そんな得なタイプです。見た目も中身もとても穏やかな人でしょう。

ただ、自分のことが自分でもよくわかっていないところがあり、なにをすべきか、どうしたら幸せなのかを見失ってしまうことも。人生では失敗や挫折が気づきを与えてくれるものですが、目上からの引き立て運に甘えてしまうとその機会が訪れにくいのです。

職業はどんな仕事でも合います。せっかくなので、得意なコミュニケーション能力をいかせると楽しく過ごすことができるでしょう。両立型なので、仕事か家庭か、どちらかに偏るのはもったいない。結婚して子育てをしながら働くことで、運気の流れがよくなるタイプです。

恋愛・結婚

どんな相手にでも比較的合わせられるタイプです。年上でも年下でも、友達カップルでも問題ありません。どんな人がパートナーとなってもうまくやっていけるでしょう。タイミングは早くてもいいですし、ある程度、キャリアを積んでから結婚をして、出産して……というのもいいでしょう。おおらかなあなたなら、あたたかい幸せな家庭を築けるはずです。

お金

お金に関しても、基本的にはとてもいいバランスです。が、運気が落ちていくと、あるときとないときの落差が激しくなります。しっかり貯蓄して、運気を落とさないように心がけることが大切です。

健康

体の異変に気づくのが遅いので、病院に行ったら一大事！ということになりがちです。ガンになりやすい生まれでもあります。若いうちから定期的な健診は欠かさず、ある程度の年齢になったら人間ドックをしっかり受けるようにしましょう。

注意ポイント

運気が落ちてくると、さまざまな危険信号に気づかなくなる傾向があります。「大丈夫、なんとかなる」と自己判断し、いよいよ大変になってから「どうしよう!?」とパニックになったり。結果、問題解決に時間がかかってしまいます。自身が手遅れになりやすいタイプだという認識をして、忠告には真剣に耳を傾けるようにしましょう。

いい人すぎると損することがあるものです。イヤなことをハッキリ断れるようになると運気が安定します。

五黄土星

10 月生まれ
（10/8～11/6）

方位・イメージ
西／沢

あなたから見ていい相性

◎ オールマイティな相手
五黄土星
七赤金星

♥ 恋愛にいい相手
八白土星

よき仕事仲間
六白金星
七赤金星

handling instructions

この生まれのトリセツ

身内に厳しいところのある人なので、可能なら適度な距離を取ってつきあうほうがうまくいきます。また、褒めることがやる気を促します。

この生まれの著名人

渡辺 謙

井森美幸

基本性格

基本的にはとても社交的で明るく、好感度の高い人です。ただ、自分の感情をストレートに出せる相手・環境になると、正論をぶつけて味方を敵に回してしまうことも。こうと決めたらすぐ動くフットワークのよさがあり、有言実行して目的を達成する力もあります。そのため、自分にだけでなく、他人に対しても厳しさが出てしまうのです。

目標を成し遂げる達成感や充実感が得られれば得られるほど人に優しくなれるあなた。それが追い風となり運気はさらに上がります。一方で、対人トラブルに傷つき、一人でいるのが気楽という状態になったら要注意。運気がどんどん下がってしまいます。

頭がよくパワフルなので、一生続けられる職に就けると最高。難しい資格を取得するなりして、手に職をつけるといいでしょう。起業しても成功する能力は十分あります。

恋愛・結婚

結婚自体に興味がないかもしれませんし、早く結婚をしたいという願望はあまり強くないでしょう。ただ、自分に自信がなくなると結婚に逃げようとする傾向があります。そんな動機で家庭をもつと、生来のパワーがすべて家族に向かってしまい、束縛や抑圧をし始めます。ある程度、自分の生き方ができてから、それを尊重してくれる相手をパートナーに選ぶのがいいでしょう。

お金

入ってはきますが、出ていくお金も多いです。プライドが高いのでいいものを買ってしまったり、調子がいいので人にごちそうしてしまったり。また、人間関係がうまくいっていないとき、お金を使ってご機嫌をとろうとしがちです。人に対してお金を使うことは悪いことではありませんが、ほどほどに。

健康

人とのつきあいが多いので、暴飲暴食に気をつけましょう。腸が弱い人が多いです。また太りやすいタイプですので、自己コントロールを。ガンにも気をつけて。

注意ポイント

言葉で敵をつくってしまうことが多いので注意が必要です。あなたにしてみたら、間違ったことは言っていないと思うでしょうが、正論は人を追い詰めます。いろいろな人がいて、誰もがあなたほど一生懸命頑張れるわけではないし、結果を出せるわけでもありません。相手に合わせて言葉を選びましょう。すぐに行動に移すのはあなたの利点ですが、思うに任せて言葉をぶつけないように。

五黄土星

11
月生まれ
(11/7〜12/6)

方位・イメージ
北東／山

あなたから見ていい相性

◎ オールマイティな相手
四緑木星
六白金星
九紫火星

♥ 恋愛にいい相手
四緑木星

✿ よき仕事仲間
九紫火星

handling instructions

この生まれのトリセツ

☞

つらいときも弱音を吐けない人です。内にこもっていたり、しんどそうにしていたら、さりげなく話を聞いてあげると心を開いてくれます。

この生まれの著名人

市川海老蔵

田中みな実

基本性格

頭がよく、とても高い能力をもっています。若いうちに経験を積み、たくさんの選択肢から道を選べるといい人生を歩めるでしょう。社交性もあるので、人とかかわることがとくにおすすめです。ただ、とても迷いがち。じつは決断することは得意ではなく、高いプライドからチャレンジを避ける傾向が。結果、せっかくの能力や才能をいかしきれないことがあります。お人好しな面もあり、断ることが苦手です。こじらせると、自分の思ったとおりにできないはがゆさを覚え、同時に評価されない不満を抱きます。

まず、自分にとっての優先事項を明確にすることです。そして、本音を出していきましょう。苦しいときに「つらい」と言葉にして吐き出すことは、決して悪いことではありませんよ。

恋愛・結婚

自分は強い人間だと思っているかもしれませんが、実際はそうでもありません。リードしてくれるパートナーがいたほうが悩みは減り、人生が安らかで楽しいものになります。同世代・年下よりは年上が合います。「素敵な人ね」と周囲から言われるような相手を見つけられると、さらにいいでしょう。家庭がうまくいくと相乗効果で仕事も忙しくなり、それがあなたの充足感につながります。

お金

後先考えずに使うタイプではありませんし、バランスがいいので、しっかりと貯めていくことができます。むしろ、節約・倹約を頑張りすぎるとお金が残らなくなります。心がワクワクするもの、キャリアアップのためのものなど、自分を磨くためのお金を使っていくと、金運が回り出します。

健康

ストレス解消と健康維持のため、ある年齢以上になったら体を動かしていきましょう。ただし、頑張りすぎてはダメ。ほどよくが大切で、ストイックにやると逆にストレスに。注意すべきは腰痛、胃腸の病気とガンです。

注意ポイント

イヤなこと、できないことは、きっぱりと断る習慣を身につけましょう。人がいいのは悪いことではないですが、自分のキャパシティを超えてまで引き受けてしまうと、本来なすべきことが疎かになってしまいます。

せっかくのエネルギーなのですから、今の自分よりもちょっと上を目指す挑戦に使っていくべきです。プライドが高くなりすぎると、失敗を恐れ無難になりがち。そのパターンから脱却していってください。

五黄土星

12
月生まれ
（12/7 ～ 1/4）

方位・イメージ
南／火

あなたから見ていい相性

◎ オールマイティな相手
九紫火星

♥ 恋愛にいい相手
二黒土星

☼ よき仕事仲間
七赤金星
九紫火星

handling instructions

この生まれのトリセツ

☞

個性を隠して周りに合わせている可能性があります。服装などに独特のセンスが垣間見えたら「素敵！」のひと言を。心を開いてくれるはず。

この生まれの著名人

柄本 佑

石原さとみ

基本性格

個性的という言葉では足りない、規格外の感性の持ち主です。独特すぎる世界観をもっているがため、誰ともわかり合えることがなく常に浮いてしまう。自分を抑えこみすぎて、自分で自分がわからなくなってしまう——。こうした人間関係のトラブルを経験して他人を極端に恐れ、社会生活に支障をきたす人もいます。

そんなあなたが幸運を引き寄せるには、自分を認めて受け入れることです。「人と違っていてもいい」と思えると、もともともっている人当たりのよさで周囲ともうまくやれるようになり、運が一気に回り出します。型にはまらなくていいし、目立っていい人です。

旧態依然とした組織にはまったく合わないので生きる世界が限られますが、生来の芸術的センスをいかしたり、自分の好きなことの延長線で仕事ができたら最高です。

恋愛・結婚

型にはまらない生き方を選んだとしても、どうしても、本当の自分と対外的な自分を使い分ける必要が出てきます。同じような感性をもつ人をパートナーに選び、外の世界で覚える違和感をお互いに解消できるような家庭を築くのがベストです。条件面ではなく、感じ方、考え方が合う人を選ぶのが断然おすすめです。

お金

お金に対しての執着がなく、一生懸命稼いでお金を貯めるという気持ち自体が薄いのでは？　基本的には金銭感覚のバランスがいいので、適度に稼いで適度に使って、お金は回っていきます。が、運気が悪くなると、後先考えず自分の好きなものに使ってしまう傾向が。お金のかかる趣味があるとそれだけ出ていく額も大きくなるでしょう。

健康

人間関係に悩みがちなので、精神的なトラブルに注意です。また、我慢からくる胃かいようにもなりやすいです。女性は子宮、男性は前立腺に弱点が。ガンになりやすい生まれでもあるので、健康には気を使ってください。

注意ポイント

受け入れ上手になることが、開運のポイントです。人と違う自分を認めてあげることができても、他人や環境に合わせなくてはならないことが、人生のステージごとに出てきます。たとえば、ママ友との関係などです。そんなときの距離の取り方、ストレスの解消法を学んでいきましょう。家に帰ってパートナーと「やっぱり私、浮くわー」なんて笑い合えたら最高ですよね。

五黄土星

1
月生まれ
(1/5～2/3)

方位・イメージ

北／水

あなたから見ていい相性

◎ オールマイティな相手

二黒土星

✿ よき仕事仲間

二黒土星
八白土星

handling instructions

この生まれのトリセツ

腰が重いので、スイッチが入るように促すと驚くほど高い能力を発揮します。ベタな言葉より、若干変化球の褒め方が効くでしょう。

この生まれの著名人

清水ミチコ

井上真央

基本性格

本来はとても繊細で我慢強く、人とかかわることも得意ではありません。が、自分の本音を隠す人ですから、表面的には快活な人だと思われていることでしょう。傷つきたくないという思いが強く、頑固な面もあるので、アクションに移すまでに時間がかかります。勢いだけで動くことはないコツコツ型の人です。そのため、ルーティンワークが中心の仕事を選びがちですが、とても賢く一度決めたことはやり通す人ですので、なにかプラスアルファ、知識や技術が求められる職業で花開きます。人の話をまとめるといった仕事も向いています。

親との関係が人生に大きな影響を与える生まれです。親から褒められた経験が少なく認めてもらえたという実感がないと、自己肯定感が低くなってしまいます。結果、どれだけ頑張っても満たされず、自分を追い込んでしまいがちなので注意が必要です。

恋愛・結婚

面倒見はあまりよくないですし、決められないタイプなので、年下よりは同世代以上の人がおすすめ。傷つき悩みがちなあなたを引っ張り癒してくれるパートナーがいると、開運していくでしょう。褒め上手なので、うまくパートナーの気持ちを支えていくことができます。ただし、結婚後、主婦（主夫）をするよりも、社会とつながっていたほうが気持ちは安定します。

お金

自分でガツガツと働き、稼ぐというタイプではありませんが、お金を貯めるのがとても上手な人です。投資の才能もあります。ただし、リスクがともなう金融商品に手を出すと、心が乱れていきます。外貨預金や投資信託など低リスクなものにしておきましょう。

健康

我慢強さが手遅れを招くタイプ。脳梗塞、心筋梗塞とガンになるリスクが高い生まれです。体調に違和感を覚えたら、すぐに病院に行きましょう。

注意ポイント

悩みを打ち明けられないというのがいちばんの弱点です。人に話すことで思考が整理され、気づくことが多いのですが、我慢強さもあってそれがなかなかできない。結果、問題が大きくなって対処が難しくなる、ということがよくあります。素直になれず、意固地なところも要注意ポイント。運気が落ちると、周囲はあなたのことを「面倒くさい人」と思っている可能性があります。

六白金星

2
月生まれ
(2/4〜3/4)

方位・イメージ
北西／天

あなたから見ていい相性

◎ オールマイティな相手
一白水星
七赤金星
九紫火星

♥ 恋愛にいい相手
一白水星

☼ よき仕事仲間
六白金星
九紫火星

handling instructions

この生まれのトリセツ

とてもつきあいやすい人です。元気のないとき、やる気を失っているときは、新しいことに挑戦できるよう、褒めるなどして後押しを。

この生まれの著名人

オダギリ ジョー
内田也哉子

基本性格

頭の回転が速くて、フットワークも軽い。人に対するあたりも柔らかで、なにごともなんなくこなしてしまう人です。ただし、自分のやりたいことを見つけないと、「多芸は無芸」の便利な人で終わってしまいます。

年上の人からサポートを受ける力がありますので、年配者からヒントをもらいながら、行動するきっかけをつくっていくといいでしょう。

また、とても高い企画能力をもっています。地道にコツコツとやる作業は向かないので、人とかかわる仕事で上を目指していくのがおすすめ。日本の伝統文化とも縁のある生まれなので、世界中どこでも生活できる器用さと柔軟性、コミュニケーション能力をいかして、たとえば伝統工芸品を海外に発信するといった仕事などはぴったりです。

一見そうは見えませんが、プライドの高さももち合わせています。地味に生きると運気が落ちる人です。華やかに生きてください。

恋愛・結婚

些細なことを気にしないおおらかなあなたは、基本的に誰とでもうまくやっていけます。ただ、パートナーに神経質な人を選んでしまうと、あなたの大雑把な言動が気になり、気持ちがすれ違うことになるかもしれません。大目に見てくれる相手のほうがあなたの魅力は生きるでしょう。

お金

基本的にとても丈夫です。注意するのは、胃腸くらいです。でも、健康だからと油断していると、気づいたときには手遅れ、なんてことになりかねません。日々の体調の変化に敏感になってください。

健康

バランスがいい人です。なにがなんでもお金を貯めようと思わずとも、人に好かれるので、お金の流れを上手につくることができるでしょう。自分のやりたいことを見つけて頑張っていけば、お金は入ってきます。

注意ポイント

困ったときには不思議と手を差し伸べてくれる人が現れます。ただ、人からの援助運の強さにあぐらをかいて、若い頃に甘えることだけを覚えて楽をすると、年をとってから大変になります。きちんと、年相応の実力をつけていきましょう。また、賢いからこその弱点ですが、頭で考えすぎてしまい動けなくなってしまうことがあります。考えることは大切ですが、持ち前のフットワークのよさをいかしていってください。

六白金星

3
月生まれ
(3/5～4/3)

方位・イメージ

西／沢

あなたから見ていい相性

◎ オールマイティな相手

一白水星
二黒土星
八白土星

♥ 恋愛にいい相手

七赤金星

☼ よき仕事仲間

一白水星
五黄土星

handling instructions

この生まれのトリセツ

一般的な常識や当たり前を押し付けてはいけません。唯一無二の存在であることを尊重し、認めることで良好な関係が築けるでしょう。

この生まれの著名人

松山ケンイチ

綾瀬はるか

基本性格

強烈な個性と感性の持ち主です。本来、とても社交的なのですが、その独特のキャラクターが周囲から浮いてしまい、自分を出せなくなってしまう人が少なくありません。もし、あなたが誰も共感してくれない、誰とも合わないと感じていたとしても、それでいいのです。幼少期、人と合わせる力が高いため、そのクセがついているかもしれませんが、無理して周囲に合わせる必要はありません。頭で考えず、その個性や感性を磨いていってください。

人の面倒を見るのがとても上手ですから、クリエイティブな仕事をしながら、後輩や部下を育成するといった仕事がおすすめです。言葉が災いを招くことがあるので気をつけてください。時に誤解される言葉を発してしまい、思いもよらなかったトラブルへと発展することがあります。

恋愛・結婚

人に合わせなくていいといっても、社会生活を営む以上、自分をセーブしなくてはならないことはあります。同じような感性をもった人、共感し合える人をパートナーにして、遠慮なく自分を出せる場をつくると生きやすくなるでしょう。育成能力がとても高いので、子育てにも向いています。ただ、運気が下がると、子どもに対して自分の考えを押し付けがちなので注意をしましょう。

お金

貯められるタイプではありません。むしろ、貯金が大好き！という生き方をしていると問題です。自分の好きなものにお金を使ったり、お金をかけてでも人とのかかわりをたくさんもつことが大切です。循環させたほうが金運は上がります。たくさん貯めこむと、人から借金を申し込まれ、結果、返ってこないというトラブルが起きます。

健康

体はあまり強くありません。のどや扁桃腺、胃腸も心配です。普段から規則正しい生活を送り、定期的に健康診断を受けるなど、自分の体を大切にしてください。

注意ポイント

人生が極端に分かれがちな生まれです。個性をいかした道がハマれば、大きく花開きます。一方、自分を自由に解放できないままだと、窮屈な人生で終わってしまいます。あなたは安定を求めてはいけません。穏やかで波風の立たない人生を望むと、下がることはないかもしれませんが、大きく上がることもありません。アップダウンがありながらも上を目指し、運気を落とさない努力をしていけばいいのです。その才能をいかせる道を歩んでください。

六白金星

4
月生まれ
(4/4〜5/4)

方位・イメージ
北東／山

あなたから見ていい相性

◎ オールマイティな相手
七赤金星
八白土星

♥ 恋愛にいい相手
七赤金星

よき仕事仲間
八白土星
九紫火星

handling instructions

この生まれのトリセツ

見守っている姿勢を示しつつ、かまいすぎないのが基本。ただ、悩みの相談があったときは、相当弱っていますので、親身にサポートを。

この生まれの著名人
森山直太朗
朝日奈央

基本性格

子どもの頃はグイグイと自分を押し出していくタイプですが、大人になるにしたがい守りに入ります。表面的には快活なままなので周囲はその変化に気づきませんが、自分では決断力がなくなったり、人に対して心を開けなくなったといった感覚があるのでは？　自分の変化についていけていない人もいるでしょう。

大人になったあなたは、人に気を使いすぎて疲れてしまいます。一人になる時間を大切にしてバランスを取ってください。ほどよく責任感があり、コツコツ型ですので、仕事はサポート系の職種が向いています。ガツガツと先頭を切るような働き方をすると、しんどさを感じるはず。自分に合った生き方をすると、大きな問題は生じません。が、なにかスッキリしない感覚が自分のなかにあると、どんどん殻に閉じこもってしまいます。支えられて生きていくほうが合っているということを自覚すると、開運する生まれです。

恋愛・結婚

年齢が上がれば上がるほど心を開けなくなり、こだわりが強くなるので、早いうちに勢いで結婚してしまったほうがいいでしょう。早ければ早いほどいいです。相手は引っ張っていってくれる人、必要なときにそばにいてくれ、必要に応じて話を聞いてくれる人がおすすめ。そんな人が見つかると、心の安寧を手に入れることができます。

お金

お金を大きく動かしたり、投資で増やすというタイプではありません。子どもの頃の性格が残っていると貯蓄は苦手かもしれませんが、練習をしていけば貯めるのも上手になります。我慢を重ねて、結果、ストレス発散で大きく使ってしまうタイプなので、その点は気をつけましょう。

健康

脳梗塞や心筋梗塞、ガンなど大きな病気に注意が必要です。年を重ねるにつれて我慢強くなるので、ストレスを溜めやすくなります。てっとり早く気を紛らわせるために、お酒などなにかに依存してしまう傾向があります。

注意ポイント

年上から誤解されやすく、協力を得られにくいタイプです。ひと言余計だったり、足りなかったり、言葉のタイミングを外しがちで、組織のなかではトラブルになることも。人づきあいが得意ではないことを自覚し、年配者への配慮を意識しましょう。とても頑固な性格で、運気が落ちると面倒な人になります。自分の時間を確保しつつ、ストレスを小出しに解消していく習慣を身につけましょう。

六白金星

5
月生まれ
(5/5～6/4)

方位・イメージ

南／火

あなたから見ていい相性

◎ オールマイティな相手

四緑木星
六白金星
九紫火星

♥ 恋愛にいい相手

九紫火星

よき仕事仲間

四緑木星
五黄土星

handling instructions

この生まれのトリセツ

満たされない思いを常にもっています。「頑張ってるね」「きれいだね」など、努力も成果もきちんと評価し、褒めることが必要です。

この生まれの著名人

井ノ原快彦

中川翔子

基本性格

人に優しく朗らか。じつは好き嫌いがハッキリしているのですが、それを露骨に出さない賢さもあり、人から悪く思われるようなことはほとんどありません。周囲はみな、あなたのことを「とてもいい人」だと言うでしょう。

ただ、自分ではどこか満たされない気持ちを抱いているかもしれません。それはあなたが、プライドが高く完璧主義で、切り替えがとても下手だから。100点以上を目指して頑張って頑張って、思い描いたとおりにならず落ち込んでしまったり、疲れてしまったり。また、周りの評価が気になって、自分を出せずに息苦しさを感じてしまったり。

あなたはとても高い能力をもっています。理想に達しなくても、100点ではなく80点だったとしても、できたことはきちんと認めるクセをつけましょう。華やかで目立つ生き方をすべき人です。美にかかわる仕事、プロデュースや広報など表に出るタイプの仕事で活躍するでしょう。

恋愛・結婚

とてもモテるので、そのぶん好みもうるさいかもしれません。ノリで結婚できるうちにしてしまうのがおすすめです。プライドが高い同士だと衝突しますので、賢くて、弱音を吐いても受け止めてくれる人をパートナーに選んで。いつも自分に自信をもっていたいタイプですから、家庭に入り社会とのかかわりをなくすのはおすすめしません。

お金

アイデア豊かで直感が冴えているので、お金をかけなくても、工夫して自分のライフスタイルをつくれる人です。それなりに使いますが、大きくお金がかかることに対しての恐怖心があり、衝動買いもしません。その慎重さから、気づけば貯まっているタイプです。

健康

肌や胃腸のトラブルに気をつけてください。いろいろ気にしすぎるタイプなので、精神的なストレスからくる病気に注意が必要です。

注意ポイント

頑張らない人やいい加減な人が嫌いで、そんな人に対しては無意識に上からの態度になっているかもしれません。運気が落ちるとプライドの高さが鼻につき、とくに年上からの評判を落とすことになります。人の評価に一喜一憂しがちなので、悪評が立つと大きなストレスになります。結果、心を乱してバランスを崩し運気を落とす……という負のスパイラルにハマってしまいます。気にするなといっても無理かもしれませんが、ゆるめる練習をしていきましょう。

六白金星

6
月生まれ
(6/5〜7/6)

方位・イメージ

北／水

あなたから見ていい相性

◎ オールマイティな相手

二黒土星
五黄土星

♥ 恋愛にいい相手

九紫火星

☼ よき仕事仲間

二黒土星
四緑木星

handling instructions

この生まれのトリセツ

みんなに合わせることはできませんし、人に合わせられるのも苦痛な人です。その世界観を尊重し、ほどほどの距離を保つのがベスト。

この生まれの著名人

南野陽子

大谷翔平

基本性格

「異質」というと言いすぎかもしれませんが、強烈な個性の持ち主で、生きづらさを抱えています。が、周囲はそれにまったく気づいていませんし、あなた自身、わかっていないかもしれません。

一見社交的に見えるのは、ここまでは入ってきてOKという線引きが明確にあるから。ただ、そこから先は受け入れません。「自分」がしっかりとあるからです。

幼少期から無意識に人と違う自分を抑え、同時に受け入れてもらうためにはどうふるまうべきかを考えるクセがついています。そのため人の心をつかむのが上手。その賢さに持ち前の集中力が加わり、仕事で大ブレイクする人は少なくありません。

自分が変わっている人間だということを自覚し、人と合わせるとき／自分を出すときをうまくコントロールできると、格段に生きやすくなります。自分のなかに二人いる感覚があるかもしれませんが、それを受け入れていきましょう。

恋愛・結婚

パートナーにするなら自分と同じような個性をもった人か、とても器用であなたのことをおおらかに受け止めてくれる人を選びましょう。いいパートナーを見つけ、自分の時間と空間を上手につくっていけるとバランスを取りやすくなります。焦って条件だけで選ぶといずれ苦しくなるので、妥協はおすすめできません。

お金

使うときは使いますが、自分が無駄だと思ったものには一円たりとも出したくないというタイプです。投資運はかなりあります。冷静で気持ちのアップダウンもないので、きちんと勉強して不動産や株式の取引を始めると、大きく利益を得ることができる可能性があります。

健康

女性なら子宮系、男性なら前立腺の病気にとくに気をつけてください。我慢のしすぎは厳禁。限界になると心がポキッと折れ、うつなどの精神的な病気が重篤化します。脳関係の疾患にも注意が必要です。

注意ポイント

我慢しすぎて、なにがなんだかわからなくなってしまう人がいます。自分のつらさの原因を見失い、「日々なんだかモヤモヤする」「これから先どうしたらいいのかわからない」という人が少なくありません。神社・仏閣めぐりやスピリチュアルな世界など、マニアックな趣味に夢中になれるとバランスが取れるでしょう。

六白金星

7
月生まれ
(7/7〜8/6)

方位・イメージ
南西／地

あなたから見ていい相性

♥ 恋愛にいい相手
二黒土星

よき仕事仲間
一白水星

handling instructions

この生まれの
トリセツ

常に精神がピンと張り詰めた状態にあります。「大変だったね」「頑張ったね」とねぎらい、甘えられる状況にもっていくのがいちばんです。

この生まれの著名人
北斗晶
中山秀征

基本性格

真面目で気配りができ、自分のためより人のために頑張れる優しい人です。強く思われがちですが、実際はとても繊細。プライドも高いので、自分の本音や苦しさを出すことができません。また、こだわりの強さももち合わせているため、意気投合できる人は少ないでしょう。あなたの話をきちんと聞いて認めてくれる人と出会えるかどうかで、人生が大きく変わります。

子どもの頃はアーティスト気質な面もありますが、焦らずコツコツと着実にやっていくほうが向いています。ついついストイックになりがちですが、ゆったりと人生を歩んだほうが開運するタイプですので、ゆるめる練習をしてください。頑張りすぎちゃダメです。

恋愛・結婚

人生のパートナーは慎重に選んでください。一緒に暮らしてみて、合わなければすぐに離婚できる人もいますが、あなたは違います。納得しない結婚生活だとしても、我慢してしまうタイプです。我慢し続ける人生はよくありません。お相手はあなたの代わりにいろいろ決めてくれ、引っ張ってくれる、尊敬できる人がベストです。状況や環境が許せば、家庭に入ったほうが心穏やかに生きていけます。

お金

基本的にバランスがよく、貯めるのも得意です。ただ少し見栄っ張りなところがあるので、運気が落ちるとブランド品など高額なものに散財してしまうこともあります。運気を落とさないことが大切です。

健康

あなたが「つらい」と言葉に出したときは、もう手遅れになっているかもしれません。腰にトラブルを抱えがちです。激しい運動よりはストレッチなどゆるめの運動習慣をつけてください。コツコツタイプなので筋トレも向いていますが、ハードにやりすぎないよう注意しましょう。

注意ポイント

親の影響をとても受けやすく、親との距離が近くなるほど運気が下がる生まれです。実家からはなるべく早く出たほうがいいですし、結婚後、相手の親とも極力かかわらないようにしましょう。もし親と一緒に住むとなると「きちんと育てなくては」というプレッシャーを抱えることになり、子どもを抑えつけてしまうことになります。どうしても同居が避けられない場合は、パートでもボランティアでもなんでもいいので外に出る口実を設けて、なるべく顔を合わせない状況をつくっていきましょう。

六白金星

8
月生まれ
(8/7〜9/6)

方位・イメージ

東／雷

あなたから見ていい相性

◎ オールマイティな相手

三碧木星
四緑木星

♥ 恋愛にいい相手

三碧木星

☼ よき仕事仲間

四緑木星
七赤金星

handling instructions

この生まれのトリセツ

厳しいダメ出しや指示をしてはいけません。エンジンがかかれば、自分で進んでいく人なので、褒めてやる気を出すのが近道です。

この生まれの著名人

天海祐希

蒼井 優

基本性格

なにごとも白黒ハッキリつけたいあなた。プライドが高く、ちょっと頑固なところもあるようです。小さい頃は自分が傷つかないようふるまう本能が強く、内に秘めるタイプだったのではないでしょうか。

ぼんやりと、なんとなく生きてはいけない人です。子どもの頃に「これは面白い！」という充実感を知ると、人生が開花していくきっかけになります。その意味でも、どんな親に育てられたかの影響が色濃く出ます。

親に守られ続け、子どもの頃のまま決断力が身につかないとしんどいかもしれません。でも、強い復活力をもっていますので、自信と運をつけていけば、大きな失敗をしても再び上昇していくことができます。

仕事は起業やフリーランスなど、自分でやっていくことが向いています。組織に入るなら、自分の裁量で動けるような職種を選びましょう。

恋愛・結婚

仕事中心で日々、忙しくしながら、社会とかかわって生きていくべき人です。パワーが強いので、時間をもて余すと家族関係に悪影響を与えます。人生をともに歩くパートナーは、あなたについてきてくれる人がベストです。相手に家庭のことをやってもらい、あなたが外でバリバリと働くというスタイルもおすすめです。

お金

子どもの頃は貯金ができていたタイプなので、ストレスが溜まらなければ、衝動買いなど後悔するお金の使い方はしません。ちゃんと稼いでそこそこ使ってという循環型で、非常にバランスがいいです。

健康

フットワーク軽く動いていくべき人で、動けなくなると運気の流れが途端に悪くなります。アクティブな生活を続けていくために、骨や腰のトラブルに気をつけてください。それ以外は健康面で大きな心配はありません。

注意ポイント

独身で現在、親と同居中という人は、すぐにでも家を出ることをおすすめします。両親との関係は良好で、実家の居心地がよかったとしてもです。ある程度の年齢になっても親元から離れないというのは、親からの影響がいまだに強く、無意識に親の意向に従っている可能性があります。そうなると、あなた自身がもっている魅力が半減してしまいます。親との距離を適度に取り、自分の人生を生きるほうが、断然開運していきます。

六白金星

9
月生まれ
(9/7～10/7)

方位・イメージ

南東／風

あなたから見ていい相性

◎ オールマイティな相手

一白水星

❤ 恋愛にいい相手

四緑木星

⚙ よき仕事仲間

一白水星

handling instructions

この生まれのトリセツ

☞

いつも動いていることが大切な人ですので、自由を尊重すること。くすぶっている感じがあるときは、きっかけをつくって背中を押しましょう。

この生まれの著名人

玉置浩二

上戸 彩

基本性格

子どもの頃はとくに元気で、芸術的センスもあり、自分を表現するのも得意だったはず。風のように自由で軽いフットワークの持ち主です。アクティブにいろいろなことにチャレンジすることで、運気は上がっていきます。ひとつの仕事にとどまるのではなく、キャリアアップを目指すべきです。自ら売り上げを立てていく営業の仕事もできますし、人と人をつなぐような仕事もおすすめです。人に合わせるのが上手で育成能力もあります。

オールマイティになんでもこなせる能力をもっていて、裏方の仕事もできます。が、それで終わってしまうのはもったいない人です。満たされない思いに気づいたときには、時すでに遅し、ということにもなりかねません。アドバイスをくれる人、叱ってくれる人がいるうちに、挑戦を重ねていくといいでしょう。

恋愛・結婚

コミュニケーション能力が高く、ほとんどの人とうまく関係を築いていけますが、人生のパートナーを選ぶなら同世代は避けたほうがいいかもしれません。どうしても、ライバル心が出てきてしまうことがあるのです。人の世話をして面倒を見る力も、年上にかわいがられる気質ももっていますので、うまく使っていきましょう。

お金

循環タイプです。が、子どもの頃から貯金より使ってしまうタイプですし、大人になるといい人すぎて人におごってしまったりするので、あまり上手には貯められません。人とかかわって運気が上がる人なので、使いすぎないよう注意はしつつも、交際費をケチケチしてはいけません。人のために使っても、別の形でお金は戻ってくるはずです。

健康

体は丈夫ですが、フットワークが軽く普段からよく動くので、慢性的な疲労に気をつけてください。体のダメージはのどや扁桃腺に出やすいので、ケアを忘れずに。

注意ポイント

普段はとてもいい人なのですが、運気が落ちると言葉を端緒としたトラブルを招きます。なんで今、それを言うの!?　というタイミングで失言してしまったり、言うべきことを言葉にせずに誤解されたり。たとえ悪気がなくても、人を傷つけてしまうことがあるので気をつけてください。

フットワークが軽いのはいいのですが、即断即決をして痛い目を見ることが少なくありません。大事なことは、慎重によく考えて結論を出すようにしましょう。

六白金星

10
月生まれ
(10/8〜11/6)

方位・イメージ
中宮／太陽

あなたから見ていい相性

◎ オールマイティな相手
八白土星

♥ 恋愛にいい相手
二黒土星

✿ よき仕事仲間
九紫火星

handling instructions

この生まれのトリセツ

多少の粗雑さや自分勝手に見えるところも、悪意はまったくありません。この人の情熱を大切にして、好きにさせておくことがいちばんです。

この生まれの著名人

ジョン・レノン

松岡修造

基本性格

簡単に人を信用しないところはありますが、裏表はありませんし、細かなことは気にしない大きな器の持ち主です。ただ、おおらかさは雑さと紙一重ですから、人の心の細かな機微を察することができず、目上の人に対して失礼なことをしてしまうことがあります。若いうちに、手痛い失敗を経験すると、人の気持ちを知ることができ飛躍のきっかけとなります。

上司運はありませんが、人当たりがとてもいいのでみんながついてきてくれるようになります。部下や後輩など年下から憧れられるような存在になると運気はさらにアップ。心強い協力が得られます。昔ながらの日本企業はあなたにとっては窮屈でしょう。成績重視の自由な組織で頑張ったほうが断然いいですし、独立するのもおすすめです。実力主義で人生を切り拓いていく人です。

恋愛・結婚

妥協の結婚はしないでください。仕事が軌道に乗ってから、あなたをサポートしてくれて、自由を尊重してくれる人を選びましょう。相性のいい相手を見つけることができるとさらに伸びていきます。独身もアリですが、人の好き嫌いが激しいタイプですので、年齢を重ねると孤独を感じるようになります。外で猛烈に生きる人ですので、自分の気持ちをさらけ出せる場をもつと人生が楽になります。

お金

貯めようと思うと、それがストレスになってしまうタイプ。チマチマしたことが苦手で嫌いですからお金は使います。が、自分に合った道を見つけられると、大きなお金を手にすることができます。大きく稼いで大きく使うという循環ができると、自然と貯まり出します。

健康

四六時中、なにかしらを考えているので脳が休まりません。頭痛や脳梗塞に注意してください。腸にも少し、不安があります。

注意ポイント

器が大きく人がよすぎるあまり、頼まれたことをすべて受け入れてしまい、自分がいっぱいいっぱいになってしまうことがあります。すると、運気は逆流し悪いほうに流れ出してしまうことも。お金を貸して返ってこないということもあるでしょう。でも、多すぎない額だったらあげたものだと笑って済ませましょう。パワーあふれている人ですから、小さくまとまらないこと。その意味でも家庭に入ることはおすすめしません。

六白金星

11 月生まれ
（11/7〜12/6）

方位・イメージ
北西／天

あなたから見ていい相性

◎ オールマイティな相手
三碧木星
七赤金星
九紫火星

♥ 恋愛にいい相手
七赤金星

よき仕事仲間
二黒土星
三碧木星

handling instructions

この生まれのトリセツ

慣れた環境にすっかり甘んじているようでしたら、ハッパをかけてあげて。上にいけるチャンスを一緒に探すのもいいでしょう。

この生まれの著名人
小室哲哉
宮崎あおい

基本性格

なにをやらせても涼しい顔をしてこなせる才覚をもち、誰とでもうまくつきあえる柔軟性があります。弱点は飽きっぽいこと。なんでもすぐにできてしまう能力があるからなのですが、だからこそ、意識してハードルを上げていきましょう。「ちょっと荷が重いな」ということを一つひとつクリアしていくといいでしょう。成し遂げる過程が楽しくなりますし、充足感もあります。結果、より高いところへと到達することができるはず。逆に環境に慣れ、妥協を覚えたら、そこまでの人生で終わってしまいます。

超がつくほどのお人好しですので、人にいいように使われないようにすることも大切です。頼まれごとをこなす力があるので「ま、いっか」と引き受けてしまいがちですが、その「ま、いっか」が命取りになりかねません。イヤなことはちゃんと断りましょう。

恋愛・結婚

誰とでもうまく関係を築けますが、上を目指していくあなたには、互いに切磋琢磨できる同志のようなパートナーがふさわしいでしょう。また、体の相性も重要です。性的に淡白な相手だと、満たされない気持ちが大きくなりがちです。もし、あなたがセックスに対して興味が一切なくなったら、運気が落ちていると考えられます。

お金

無理して節約をして、「貯めなきゃ」なんて気にしなくて大丈夫。出費はそれなりにあるでしょうが、運気が上がっていけば、お金はちゃんと入ってきますし、貯まっていきます。バランスのいい循環型です。ただ、いい人すぎて「お金を貸して」と頼まれることも多いので、相手が信頼に足る人かどうか見極める目をもってください。

健康

腸に不調が出やすいのですが、基本的に体はとても丈夫です。寝不足でも平気ですし、無理もできてしまいます。だからこそ、気にしなさすぎることが問題。多忙を極め、過労にも気づかず、結果、手遅れということにならないよう気をつけましょう。

注意ポイント

柔軟性はあなたの長所でもありますが、同時に短所にもなり得ます。昨日と同じ今日が延々と続くような、ぬるま湯の環境でも「ま、いっか」と順応して、そこそこ納得して過ごせてしまうからです。能力を発揮できる環境にあえて身を置く。ちょっと無理めなことをクリアしていく。そんな意識をもっていきましょう。

六白金星

12月生まれ
(12/7～1/4)

方位・イメージ

西／沢

あなたから見ていい相性

♥ 恋愛にいい相手

五黄土星

よき仕事仲間

一白水星

handling instructions

この生まれのトリセツ

彼女／彼らしさを受け入れ、尊重することで、楽しさを共有できる仲間になれます。自分を出せる場をつくってあげることが大切です。

この生まれの著名人

織田裕二

羽生結弦

基本性格

とても目立つ存在で、子どもの頃からみんなの輪の中心にいる人気者タイプです。八方美人なところがあり「誰にでも調子がいいよね」と言われることがあるかもしれません。でもそれは、そこにいるだけで場を明るくする力があなたにあるからです。ちょっと個性が強いところがありますが、それもあなたらしさですので、気にすることではありません。黙ってじっとしていることができませんし、地道さが求められる仕事はまったく向きません。人とかかわる仕事、おしゃべりをいかせる仕事が最適です。営業や接客業は天職といえます。

もし、「自分はおとなしい」「人が苦手」と感じていたらかなり問題です。運気が下がっている証拠。あなたは人生において、孤独や孤立を絶対に選んではいけない人です。

恋愛・結婚

誰にでも好かれ、愛想のいいあなたに対し、パートナーが浮気を疑うことがあるかもしれません。いらぬ誤解を招かないよう注意が必要ですが、運気が上がっていれば楽しい家庭を築いていくことができるでしょう。とても高い育成能力をもっているので、子育ても楽しみながらやっていくことができます。

お金

人とのつきあいもありますし、自分の趣味のものについては躊躇なく使うタイプですので、あまりお金は貯まりません。が、それで大丈夫です。貯金をそこそこしつつ、動かしていたほうが金運は上がります。逆に、必死になって節約をして、爪に火をともすような生活をしてお金を貯めたとしても、残念ながら、そのお金は人とのトラブルによってなくなってしまいます。

健康

元気そうに見えますが、意外と体は弱いです。のどや扁桃腺、胃腸などに注意をしてください。バランスのいい食事に適度な運動、十分な睡眠など健康的な生活を意識して。定期的な健康診断も欠かさないようにしましょう。

注意ポイント

人生が極端になりがちなタイプ。もし、自分の個性を出せない環境に身を置くことになると、それはとてもいびつな生き方をしていることになります。往々にしてギャンブルや異性、お酒などで心のバランスを取るようになります。小さなことからでいいので自分自身を解放できること、自分の自信になることを始めてみて。それを続けていくと、本来のあなたらしい生き方ができるようになります。

六白金星

1 月生まれ
(1/5～2/3)

方位・イメージ

北東／山

あなたから見ていい相性

◎ オールマイティな相手

五黄土星

✿ よき仕事仲間

二黒土星
五黄土星

handling instructions

この生まれのトリセツ

無理に話を聞き出すようなおせっかいは×。「話したくなったら、いつでも言って」と安心して本音を語れる環境をつくっていきましょう。

この生まれの著名人

香取慎吾

イモトアヤコ

基本性格

大人になるにしたがい、子どもの頃にもっていた押しの強さや積極性は弱まり、受け身の生き方に変わっていきます。ただ、もともとは社交的なタイプですので、表面的な人当たりのよさは残ります。協調性が出てきて人と合わせる能力もありますので、自身の性格の変化に気づかない人も多い生まれです。シンプルなルーティンワークが苦手で、部下や後輩を育てる力はあまりありません。人と接する仕事に適性があるでしょう。ガツガツ上を目指すより、マイペースでやったほうが力を発揮できます。

大人になって性格が180度変わるので、自分のなかに二面性を感じて、どこか居心地の悪さがあるかもしれません。我慢強くストレスも溜め込みがちです。自然に触れることが心の安らぎになるでしょう。自分がいかに毎日を気持ちよく過ごせるかに関心をもって暮らしてください。

恋愛・結婚

子どもの頃の性格が色濃く残ると、家庭よりも社会とのつながりが魅力的に見えるかもしれません。でも本来は、守ってもらいながら生きるほうが向いている人です。ストレスを溜めやすいタイプですので、家庭という安らげる居場所があったほうがいいでしょう。年を重ねれば重ねるほど、本音を出せなくなりますので、パートナーは断然、頼りがいのある年上の人がおすすめです。

お金

メンタルが安定しているときは、それなりに貯めることができますが、運気が落ちると、物欲を満たすことで心のバランスを取ろうとしてしまいます。大きく稼いで大きく使うというよりは、地道にコツコツと貯めるタイプですので、金運を上げるためには、ストレスを溜めないよう、メンタルケアが大切になります。

健康

のどが弱いようです。また、慢性的に体調の悪さを感じているかもしれません。ストレスからくる自律神経の乱れが原因の可能性があります。我慢強いのもほどほどにして、不調を感じたら休養を取るようにしてください。

注意ポイント

なにも考えずに言葉を発してはトラブルを招くことが多い生まれです。余計なひと言を間の悪いタイミングで言ってしまったり、逆に、言葉が足りず意図が伝わらなかったり。悪意があると誤解されてしまったり。舌禍を招きがちだと自覚し、ノリでしゃべるのではなく一拍置いてから発言するよう心がけて。

七赤金星

2月生まれ
(2/4〜3/4)

方位・イメージ
南東／風

あなたから見ていい相性

◎ オールマイティな相手
一白水星
三碧木星
四緑木星

♥ 恋愛にいい相手
四緑木星

☼ よき仕事仲間
三碧木星
九紫火星

handling instructions

この生まれのトリセツ

「ああしろこうしろ」と指示されるのが嫌いなタイプ。自由でいられる環境を整えると◎。じつはプライドが高いので、褒め言葉が効きます。

この生まれの著名人
有村架純
菅田将暉

基本性格

幼い頃は引っ込み思案なところがありますが、大人になると人づきあいがとても上手になります。柔らかく朗らかな空気をまとい、人をイヤな気持ちにさせることがないタイプ。ただ、内に譲れないなにかを抱えているので、親しくなった人はその意外な一面に驚くこともあるでしょう。

頭が切れる人ですが、コツコツと積み上げていく根気や人の面倒を見る能力が抜きん出ているわけではないので、仕事は自分が裁量をもってやっていけること、フリーランスや起業が向いているでしょう。人とつながっていく仕事でも活躍できます。

自信をもつことがとても大切な人です。仕事に限らず些細なことでもいいので誰にも負けないなにかをもつと、自尊心が満たされ運気が上がっていきます。あまり高いハードルを設定すると、挫けてしまいますので、小さな成功体験を積み上げていきましょう。

恋愛・結婚

自己中心的なタイプではありませんが、自由を好む人ですので束縛が強いパートナーを選ぶと苦しくなってしまいます。年上でも年下でも同じ目線で歩んでいける人がお似合いです。どちらの親とも同居するのは避けたほうが開運します。親とは、ほどよい距離感でつきあうようにして。

お金

子どもの頃は計画性のあるタイプなので、バランス自体は悪くありません。稼ぎつつ、使いつつ、貯めつつの循環で回っていくでしょう。ケチケチしすぎるとかえって金運が落ちるので適度に使ってください。

健康

腰痛が出やすい生まれなので、適度な運動習慣を取り入れてください。運が動くと書いて「運動」です。体を動かすことで、身体的トラブルもメンタルも落ち着き、運気がいいほうに流れます。胃腸が弱い人も多いので、暴飲暴食は控えたほうがいいでしょう。

注意ポイント

親との関係が深すぎると、人生にマイナスな影響が出る生まれです。30歳を過ぎても同居しているようだと、自覚はなくても親の圧を受けています。物理的・精神的に適切な距離を保つようにしましょう。縁を切れというわけではありません。絶縁するような関係までいくと相当運気は落ちていますので、もっとも悪いタイミングで家を出て、もっとも悪い方位に新居を構えがちなのでご注意を。窮屈を感じて自然に家を出るような流れがのぞましいです。

七赤金星

3
月生まれ
(3/5～4/3)

方位・イメージ

中宮／太陽

あなたから見ていい相性

◎ オールマイティな相手

二黒土星
四緑木星
五黄土星

♥ 恋愛にいい相手

一白水星

☼ よき仕事仲間

四緑木星
八白土星

handling instructions

この生まれのトリセツ

その才能を認め、特別扱いしてくれる相手に心を開くタイプです。干渉されるのを極端に嫌うので、自由にさせてあげるのも大事。

この生まれの著名人

RIKACO

土屋アンナ

基本性格

エネルギッシュでストイック。そもそもの生きる力が強い人といえます。一度決めたらやり抜く力があり、周りが見えなくなるほど集中するタイプです。面倒見がよくて、人の中心に立つ人。いい意味で損得勘定ができるので、自分にメリットがあることは見逃しません。千載一遇のチャンスをつかみ、成功する人も多い生まれです。

人見知りで好き嫌いが激しく、簡単には人を受け入れません。自分が認めた人に対してはとことんリスペクトをするし、全力で守りきります。逆に、興味のない人には無関心で、嫌い！と思った人には態度で示します。笑顔でかみつくところがありますので、周囲からは敵に回したくないと思われているでしょう。

人生の明暗がハッキリ分かれがちで、運気が落ちてきたときは精気が失われ、なにに対してもやる気を失ってしまいます。運を落とさないことがなにより大事です。

恋愛・結婚

よほど大きな器の持ち主でなければあなたを支えることはできませんし、あなた自身が好きになった相手でなければ恋愛や結婚に発展することはありません。生涯独身を貫く人もいますが、家族愛がエネルギー源になるので、あなたを自由にさせてくれるよき理解者を見つけましょう。パワーのいきどころがなくなると、身内に当たる傾向があるので、家庭におさまることを選択してはいけません。どんな形でも社会とつながることをおすすめします。

お金

進むべき道にエネルギーを全投入すると、破格の富を得ることができます。お金をガンガン稼いで、ガンガン使っていきましょう。もともと細々したことが苦手ですし、チマチマと節約をし始めると金運は下がっていきます。とくに、人のために使うことにはケチらないで。

健康

アグレッシブかつストイックな人なので、慢性的な疲労があります。人とのつきあいも多いでしょうから、食べすぎ飲みすぎに注意して。

注意ポイント

弱点は口です。自分に対する厳しさをそのまま他人にも向けてしまうと、強い言葉で人を傷つけてしまうことがあります。また、言うべきではないタイミングで言ってはいけないことを口にしてしまうことも。運気が落ちてくると、自分ではそのつもりはなくても、パワハラのトラブルを引き起こしてしまうかも。

七赤金星

4月生まれ
(4/4～5/4)

方位・イメージ

北西／天

あなたから見ていい相性

◎ オールマイティな相手

二黒土星

☼ よき仕事仲間

二黒土星
三碧木星

handling instructions

この生まれのトリセツ

☞

「センスいいよね」などと褒めて自信をつけさせるのがいちばんです。変わった感性を笑うと心を閉ざしてしまうので気をつけて。

この生まれの著名人

ミッツ・マングローブ

徳井義実

基本性格

周囲から見たらあなたは別の星の人。異彩を放つ存在です。共感し合える人はほとんどおらず、常に自分が浮いている感覚があるのではないでしょうか。でも、同調圧力に負けて自分を押し殺す必要はありません。その芸術的で独特の感性をいかしていくことで、運気は上がっていきます。反対に、周囲になじめないことを気にしすぎると、引きこもりがちになって運気が下がります。

当然、向いている仕事はクリエイティブ系の職です。和の伝統とも縁の深い生まれなので、伝統工芸の道でセンスと技を磨いていけたら最高です。一般的な職業に就いた場合、集団行動は向いていませんので、マイペースでできる仕事をしつつ、プライベートではマニアックな感性を解放しましょう。運気を上げておくと、周りに似たような仲間が集まってきて、格段に人生が楽しくなります。

恋愛・結婚

家庭だけにおさまると、つらくなってしまいます。おすすめの相手はやはり、似たような感性・感覚の持ち主。社会に出たときの違和感を家庭内で共有し合えると人生が安定します。運気が落ちているときに出会った人は、最初は気が合うと思ってもじつは相性がよくないことがあるのでご注意を。合わないと思った相手とはいずれうまくいかなくなるので我慢して合わせないようにしましょう。

お金

興味のないものには一切お金を使わないのですが、自分がコレ！と思ったものには躊躇がありません。なにを求めるかにもよりますが、基本的に入ってくるお金と出ていくお金のバランスは悪くありません。

健康

注意してもらいたいのは血圧系。脳梗塞、心筋梗塞にはとくに気をつけて。適度に体を動かし、人とかかわることを意識的に行ってください。

注意ポイント

あまりに強すぎる個性でアウトサイダーになりがちです。親がごく普通の感性の持ち主なら、あなたのことを理解できないでしょうから、孤独感を覚えて育つかもしれません。周囲になじめず人間が怖くなり、現実から逃避してしまう人もいます。型にはめられることが嫌いで子ども時代、不登校を経験する人も少なくありません。人と違ってもそれがいいと認め合える、居心地のいい環境を手に入れることが大切です。自分の生きる場所を見つけると、驚くほど生きやすくなります。

七赤金星

5
月生まれ
(5/5～6/4)

方位・イメージ

西／沢

あなたから見ていい相性

◎ オールマイティな相手

三碧木星
七赤金星
九紫火星

♥ 恋愛にいい相手

三碧木星

☼ よき仕事仲間

七赤金星
八白土星

handling instructions

この生まれのトリセツ

話すのが大好きなので聞き役に回るといいでしょう。一緒に楽しく過ごすのがいちばんですが、調子に乗りすぎていたらいさめてあげて。

この生まれの著名人

アンジェリーナ・ジョリー

つるの剛士

基本性格

ノリがよくてとても楽しい人です。ヤンチャなところがありますが、憎めないタイプで人からも慕われます。意図しないことを我慢して続けていると運気が下がります。楽しいことをチョイスしていくクセをつけていきましょう。細やかな気配りが苦手で、調子に乗りすぎて痛い目を見たり、チャラついていると誤解されたりすることもありますので、ご注意を。自由が大好きで少々、危なっかしいところがありますので、時に忠告をしてくれる人がそばにいると安心です。

仕事もイベント関係や芸能など華やかなことが向いています。一生高いモチベーションで、アゲアゲで頑張っていくほうが開運する人です。ただし、楽しいのはいいのですが楽な仕事を選んではいけません。楽しいからこそ頑張れる仕事を選びましょう。環境への適応能力が高いので、上を目指せる場所に身を置くと人生が充実するでしょう。

恋愛・結婚

ノリと勢いだけでパートナーを選ぶと、金銭面を含め日々の生活を維持していくことが難しくなるでしょう。相手は、束縛はしないけれど必要なときにはあなたを落ち着かせ、考えるきっかけをくれる人を選んでください。自由奔放なあなたの手綱を握ってくれる、賢い人を選ぶと大きく開運していきます。

お金

「節約モード」という機能がなく、後先考えずどんどん使ってしまうタイプです。とはいえ、節約生活はおすすめしません。我慢すればするほど心がすさみ、お金に対する執着が強くなります。結果、金運は急下降します。稼ぐことを考えていきましょう。

健康

楽しいことが大好きで、飲んだり食べたりする機会が多いですから、不摂生からくる高血圧に気をつけてください。そのほか、身体面での大きな心配はありません。

注意ポイント

楽しく目立って生きていくべき人です。柔軟性があるため、"なんとなく"な生活にも適応できますが、なんとなく仕事してそこそこ稼いで、なんとなく結婚して、週末も時間つぶしにパチンコやショッピングモールで過ごす……といった、惰性で時間が過ぎていく人生だとせっかくの才能や運気をいかすことができません。なんでもかまいません。なにかにハマって突き詰める。そこに楽しさを見出すと運が開けていきます。

七赤金星

6
月生まれ
(6/5〜7/6)

方位・イメージ

北東／山

あなたから見ていい相性

◎ オールマイティな相手

五黄土星
六白金星
八白土星

よき仕事仲間

五黄土星
七赤金星

handling instructions

この生まれのトリセツ

「大丈夫だよ」とか「困ったことがあったら言ってね」という言葉をかけておき、話を聞いてあげて。心配性な面をフォローしましょう。

この生まれの著名人

沢田研二

カズレーザー

基本性格

表面的には人当たりもいいし社交的に見えますが、内心では人とかかわるのが億劫で面倒くさいという気持ちがあるのでは？　そのため、周りが見ている自分と本当の自分にズレがあって、違和感を覚えることも。また、昔はいろいろ決められたのに、だんだん決断するのがストレスに感じるようになっていきます。それは幼少期から性格が変化したためで、自分が変わったことを理解すると気持ちはずいぶん楽になります。

自分を押し出すタイプではなく、誰かのために尽くせる人です。年上の人との組み合わせがいいので介護関係の仕事がとくに向いていますが、どんな職業でも合います。ただ、実力主義で心をすり減らさないよう気をつけてください。心配性で柔軟性がないので変化が苦手です。強くなきゃいけないと思う必要はありませんし、ムキになって頑張らないほうが開運する人です。

恋愛・結婚

不安を抱えやすいので、甘えられる人や話を聞いてくれる人をパートナーに選びましょう。穏やかな家庭が築けたら、将来の不安がなくなり人生のバランスはとてもよくなります。「そばにいるから大丈夫だよ」と言ってくれる人がいたら最高です。あなたが開運していくには、甘えてもいいと思える存在がとても大切です。

お金

大きく動かすタイプではありませんので、コツコツと貯めていきましょう。パートナーに活力を与えて稼いでもらうこともできる人です。社交的な面があり、人と話すのも好きなあなたですから、節約をするにしても、時には友達とお茶をするなど、息抜きが必要です。

健康

いつも頭で考えてしまうので、偏頭痛に悩む人が多い生まれです。脳梗塞にも注意。力を抜いてリラックスしていきましょう。女性は子宮、男性は前立腺の疾患になりやすいので気をつけて。

注意ポイント

とても心配性のあなた。我慢強さもあるので、いつも不安を抱えて気持ちをすり減らしています。友達でもパートナーでもかまいません。甘えられる人を見つけてください。あちこちでかけて気分転換するタイプではないので、家を落ち着ける場所にすることが大切です。心許せる人と家でまったり、たあいもないおしゃべりをして過ごす時間をもつだけで、心を癒すことができます。

七赤金星

7
月生まれ
(7/7 ~ 8/6)

方位・イメージ

南 / 火

あなたから見ていい相性

◎ オールマイティな相手

七赤金星

♥ 恋愛にいい相手

五黄土星

handling instructions

この生まれのトリセツ

人の評価を気にしがちで、自信をもつことで才能を発揮できる人です。こだわっているポイントを見つけたら褒めると自信をもてるでしょう。

この生まれの著名人

米倉涼子

夏目三久

基本性格

人から注目されることが好きな一方で、自分がどう見られているのかが気になりすぎて、ちょっと疲れてしまうことがあります。子どもの頃にあった積極性は弱まるので、大人になったあなたは自分が思っている以上に繊細。そこを自覚すると生きやすくなります。子どもの頃の積極性を引きずると、無理して頑張りすぎて、努力が足りない人を許せなくなります。正論をぶつけて、敵をつくってしまうことも多いので気をつけましょう。

プライドを傷つけられると、心折れてしまうことがあります。自信をもって生きていくことがなにより大切です。子どもの頃のエネルギッシュさが残るうちに資格を取って、それをいかした安定した仕事に就くと穏やかに過ごせます。また、企画を立てる仕事や、美容や美しいものにかかわる仕事にも適性があります。SNSなどで自分のこだわりを発信していくのもいいでしょう。

恋愛・結婚

センスがいい人が好きで、誰もがうらやむ相手を求めがちです。妥協はできませんので、理想の人と出会えるかどうかで明暗が分かれます。開運のコツは、外見だけではなく中身も見ること。ハイスペックな相手を求めるなら、それに見合う自分になることで出会い運を引き寄せます。自信がもてないと、パートナーへの依存が高まり、束縛して関係性を悪くしてしまうこともあります。

お金

基本的にはコツコツと貯めるタイプではありません。また、美容など自分のためにお金は使います。それが自分を好きでいるための投資なら人生の必要経費だと考えてOK。あなたは自信をもつことで開運する人だからです。収入の範囲内で、バランスを取っていきましょう。

健康

あまりにも周りの目を気にしすぎて、ストレスになることがあります。精神的なトラブルに気をつけて。腰痛が出やすい生まれなのでストレッチを習慣づけましょう。

注意ポイント

親の影響を強く受ける生まれです。もし、親が「普通」から外れることを許さず、抑えつけるタイプだった場合、決められたことは頑張れるけれど、自分では考えられない人になってしまいがち。プライドの高さもあって、新たな一歩に踏み出すのを躊躇してしまいます。もしその自覚があるなら、ダイエットなど、小さな目標をクリアすることで自信をつけていくと、運気の流れが変わります。

七赤金星

8
月生まれ
(8/7～9/6)

方位・イメージ
北／水

あなたから見ていい相性

◎ オールマイティな相手
六白金星
七赤金星

♥ 恋愛にいい相手
六白金星

☼ よき仕事仲間
一白水星
七赤金星

handling instructions

この生まれのトリセツ

繊細な人なので、むやみに踏み込まないのが大事。居心地のいい距離感を保ち、求められたら応える関係が◎。しつこくすると嫌われます。

この生まれの著名人

井上陽水
鈴木保奈美

基本性格

明るく社交的で快活な人だと思われがちですが、本当のあなたは人見知りでデリケート。本当はイヤだと感じている人間関係を切ることができなければ、悩みやストレスも限界まで抱えてしまいます。誰か心開ける人を探し、打ち明けられるようになると運気がいいほうへ動き出します。

一人でいる時間がとても大事で、なにかを決めていくことや枠から外れることが苦手です。フットワークは重いのですが、とても頭のいい人ですので、納得したことに対しては、集中力と持続力をもって取り組むことができます。自らのエンジンをかける方法がわかっていると、成功していくでしょう。

自分一人で生きていくよりも、頼れるパートナーに支えられ、大事にされながら生きていくほうが運は開けます。あなた自身、この人！と思った相手にはとことん尽くしますので、いい関係を築いていけるはずです。

恋愛・結婚

あなたを導いてくれる決断力のある人がおすすめです。話をよく聞いてくれる人だと、なおいいでしょう。ただ、心を開ける相手に対しての思いが募るあまり、束縛をしたり干渉したりして、関係を乱すことがあるので気をつけて。パートナーとの関係が運に直結するタイプです。

お金

コツコツタイプです。ストレスがマックスまで達すると爆発してお金を使ってしまいます。が、あり得ないほどの額を浪費するほどの勇気はありません。将来の不安を抱かないように貯めていきましょう。

健康

たまたま行った病院で、医者に言われて初めて自分の不調を知るタイプ。とても太りやすいので、ウォーキングなど簡単なことからでいいので、体を動かす習慣をつくってください。食やお酒に依存しやすい生まれでもあるので、健康的なストレス解消法を覚えましょう。

注意ポイント

悩みやストレスを溜め込みがち。自分が抱え込んでいるという自覚がないほど、溜め込むことに慣れてしまっています。結果、ストレスからお酒を飲みすぎたり、甘いものを食べすぎたり。あなたが開運していくための、いちばんの課題はストレスコントロールです。話を聞いてもらうことも大切ですし、毎晩湯船につかってリラックスをして、睡眠もしっかりとるよう意識しましょう。しっかり眠れる北枕がおすすめです。

七赤金星

9
月生まれ
(9/7〜10/7)

方位・イメージ
南西／地

あなたから見ていい相性

◎ オールマイティな相手
四緑木星

♥ 恋愛にいい相手
七赤金星

☼ よき仕事仲間
四緑木星
九紫火星

handling instructions

この生まれのトリセツ

この人が悩みを打ち明けてくるときは相当切羽詰まっています。親身になって聞いてあげて。普段から話しやすい雰囲気をつくりましょう。

この生まれの著名人

斉藤由貴

東山紀之

基本性格

真面目で誠実なあなたを慕う人は多いのですが、あなた自身は人に心を開くことはあまりありません。冷静で我慢強く、じっくり考えてじっくり答えを出したいタイプです。切り替え下手ではありますが、与えられた仕事を着実にこなす安定感があります。自分でも日々、同じことをルーティンでやり遂げていくことに穏やかな充実感を覚えるのではないでしょうか。

大きな夢を抱くことがいいことだという風潮がありますが、あなたはチャレンジよりも平穏を優先すべき人。そのほうが開運していくタイプです。忙しくすればするほど心が歪んでしまいます。自分なりのこだわりをもっていますが、運気が悪くなければ問題はありません。精神が安定することで、人の世話をするのが喜びになっていきます。我慢強いところがありますので、つらい気持ちを溜めすぎないことが大切です。

恋愛・結婚

一人で生きていくことを選ばないほうが、運気は安定するでしょう。大恋愛の末に……というのではなく、なんとなく気づいたら、いつもそばにいた人と結ばれるというのが理想です。自分を理解してくれている人の存在はあなたにとって大きく、居心地のいい家庭が心の安定につながります。日常の些細なことに幸せを感じられる人です。面倒を見ることが好きなので、運気が落ち着けば、子育ても楽しくやっていけるはずです。

お金

節約して貯金することが性に合っています。やりくりも上手なので、「これだけの予算で１か月乗り切れた！」などと楽しめるタイプです。

健康

生活が安定しないと、メンタル面でのダメージが溜まっていきます。脳梗塞にもなりやすい生まれです。女性は子宮、男性は前立腺の病気に注意して。

注意ポイント

あなたが「つらい」「しんどい」と言葉にしたときは、すでに手遅れ状態の可能性が大。問題が複雑になりすぎて、どこから手をつけたらいいのかわからないといった状態になりがちです。問題は早めに対処することで大きくならずに済むものです。一人で抱え込まず、早めに人にアドバイスを求める習慣をつけていくと開運していきます。ようやく手にしたものに執着しがちで、子どもやパートナーなどに依存しやすいタイプですので気をつけて。

七赤金星

10
月生まれ
(10/8～11/6)

方位・イメージ
東／雷

あなたから見ていい相性

◎ オールマイティな相手
二黒土星

♥ 恋愛にいい相手
五黄土星

☼ よき仕事仲間
三碧木星

handling instructions

この生まれのトリセツ

指図するとへそを曲げます。やりたいことを邪魔せず、褒めると機嫌がよくなって、リーダーシップを発揮してくれるでしょう。

この生まれの著名人

柄本 明

栗山千明

基本性格

プライドが高く、独特の世界観をもっています。好き嫌いが激しく自分のこだわりを貫く一方で、興味のないものについては、まったく無関心。精神的にタフで人に弱みを見せない人ではありますが、もともとはとても傷つきやすいタイプです。若いうちに失敗も含めて経験を積み、メンタルが強くなっていればいいのですが、そうでないと挑戦を恐れる人になってしまいます。

型にはまるのが大嫌いで、組織のなかでは本人も周囲も苦労をするでしょう。どんどん新しいことにチャレンジして、刺激を受けることで開運していきます。強引さがありますが、ある程度結果を出すとみんなが慕ってきます。安定とは無縁の波乱万丈型の人生です。それを嘆くのではなく面白いと考えて、大きな波に乗っていってください。フリーランスや経営者として成功する能力も十分あります。

恋愛・結婚

自由人で小悪魔的な人です。会いたいときは会いたい、会いたくないときは会いたくないと振り回すので、相手になる人が大変です。そのため、一人でいる人も少なくありません。束縛され小言でも言われたらすぐに機嫌が悪くなるあなたですから、我慢強い人、自由を尊重してくれる人と結ばれるのがいちばんです。

お金

自分の好きなものには糸目をつけず使うタイプです。そのぶん稼げばいいので、大きく使って、大きく稼いでください。運気が落ちると財布の紐が極端に堅くなりますが、金運としてはいい状態ではありません。ケチケチしないように気をつけましょう。

健康

いつも頭をフル回転させて考えていますので、脳は疲れ気味。脳梗塞のリスクもありますので、規則正しい生活を。子宮・前立腺の病気にも注意が必要です。

注意ポイント

感情の起伏がとても激しいです。それさえうまくコントロールできれば、人間関係もうまくいきます。が、運気が落ちると、いばり散らしなにかあれば人のせいにするような、厄介な人になってしまいます。誰もなにもアドバイスしてくれなくなりますし、あなた自身、人の話を一切受け付けなくなってしまいます。気づいたら一人ぼっち、「裸の王様」になっていることも。あなたが開運していくには、感情をコントロールする術を身につけることがなにより大切と覚えてください。

七赤金星

11

月生まれ

(11/7～12/6)

方位・イメージ

南東／風

あなたから見ていい相性

◎ オールマイティな相手

一白水星
三碧木星
六白金星

♥ 恋愛にいい相手

一白水星

よき仕事仲間

五黄土星
六白金星

handling instructions

この生まれのトリセツ

個性を内に秘めているタイプです。変わっているなと思っても、バカにせず認めて尊重しましょう。そうすると心を開いてくれます。

この生まれの著名人

前澤友作

フワちゃん

基本性格

とても感じがよく、みんなとうまくやっていけるタイプに見られがちですが、じつは内側に強烈な個性を秘めている人です。あなた自身、周囲となじめないと感じることがあるかもしれません。でも、一人でコツコツとやることを選んではいけません。あなたの運気は人とかかわることで動き出します。人と人を結ぶ能力がとても高いので、人材紹介やブライダル関係などに適性あり。センスをいかせるクリエイティブ系の仕事もいいでしょう。
「上質」「伝統」とも縁があります。つくるだけでなく、人に販売するなど発信していくことが重要です。趣味でやっているクラフトをネットで販売して副業が大きく育つという人も、この生まれには少なくありません。運気を上げれば上げるほど、みんなと感性が合わなくなっていきますが、それが正解です。突出した個性が出てくると、あなたの魅力が大きく開花します。

恋愛・結婚

とても人当たりがいいので、誰とでもうまくやっていけます。でも、あなた自身が幸せを感じるのは、個性を認め合える、感性を理解し合える人と結ばれること。パートナーと共感し合うことでメンタルが安定します。「好きだと言ってくれたから」と、なんとなく相手を選ぶより、本当に気持ちの通じる人を探したほうが開運していきます。

お金

子どもの頃のおとなしく堅実な性格が影響し、浪費グセはなく、そこそこ貯めることができます。お金そのものへの欲や執着よりも、自分の好きなことやものへの情熱が勝るタイプです。稼ぐことも十分できる人なので、自分の好きなものにお金を使って循環させていくと、金運も回っていきます。

健康

健康に対する大きな不安はありません。腸が弱いのと、腰に多少不安があるくらいでしょう。日々のちょっとした運動を習慣にしていくといいでしょう。

注意ポイント

親とのかかわりが強すぎると運気が落ちる生まれです。たとえ関係がよくても、どこか窮屈さを感じているはず。早くに自立するのがベストです。なぜならあなたの最大の武器である独特の感性が、親によって潰されてしまう可能性があるからです。せっかくの才能をいかしきれず、「いたって普通」の人生になってしまう可能性が高くなります。親と適度な距離を保てるとすべてが好転します。

七赤金星

12 月生まれ
（12/7〜1/4）

方位・イメージ
中宮／太陽

あなたから見ていい相性

◎ オールマイティな相手
三碧木星

♥ 恋愛にいい相手
八白土星

☼ よき仕事仲間
四緑木星

handling instructions

この生まれのトリセツ

枠にはめようとするとこのタイプのよさがいきません。自由を尊重することが良好な関係を築くコツ。特別扱いされると弱いタイプです。

この生まれの著名人
江角マキコ
タイガー・ウッズ

基本性格

ぼんやりと過ごすのなんて耐えられない、なぜか大変なほうを選んでしまうけれど、それが楽しい――そんな生き方ができていたら、宿命に沿ったいい人生を歩んでいます。マグロは泳ぐのを止めると死んでしまうといいますが、あなたも同じ。エネルギッシュでストイック。プライドが高く、やると決めたら半端ない集中力を発揮します。そのかわり今日はなにもしないと決めたらベッドから動かないタイプで、生活も生きざまも極端な人です。

他人を簡単には信用しませんし、人と一緒にいると疲労感を覚えます。が、一度信頼した人は大切にしますし、なにがあっても守り抜きます。ただし、運気が下がると信じていた人から騙されてしまうことがあるので注意しましょう。人を見る目を養ってください。

恋愛・結婚

あなたのあふれるパワーについていける人は少なく、一生独身という人も少なくありませんが、じつは家族愛がエネルギーになる人。その奔放さを受け止めてくれる海のように広い心をもった人か、家を守ってくれる人をパートナーにできると最高です。家事などはお金で解決できます。頑張れば人の何倍もの成功を手にできる人ですので、仕事に注力していきましょう。

お金

我慢とか節約といった概念がありません。ガンガン使って、ガンガン稼いでください。人の倍頑張れば、何十倍ものリターンがある生まれです。運気を上げていくとさらに実りは大きくなりますので、稼ぐ桁も大きくなっていきます。むしろ、せこく生きると金運だけでなく、あらゆる運気を下げてしまいます。

健康

頭が常に活発に動いているので、脳関係の疾患に注意をしてください。過労も脳梗塞の原因になります。常にハードワークですから、日々のケアだけは怠らないようにしましょう。よくしゃべるので、声帯やのどに不調が出ることも多いでしょう。

注意ポイント

本来は山あり谷ありの人生になる生まれです。もしも、山もなければ谷もないと感じるなら、もって生まれた才覚と魅力をいかしきれていません。あなたは大きなことを成し遂げられる人。あえてつらいこと、大変なことを選んでいきましょう。自分自身のアクセルをふかすクセがつき、運気が上がっていくきっかけになります。

七赤金星

1月生まれ
(1/5～2/3)

方位・イメージ

北西／天

あなたから見ていい相性

◎ オールマイティな相手

四緑木星
八白土星

♥ 恋愛にいい相手

四緑木星

☼ よき仕事仲間

五黄土星
八白土星

handling instructions

この生まれのトリセツ

変人扱いはＮＧ。「変わってるね」とうかつに言うと、地雷の可能性があるので注意。褒めて自信につなげると実力を発揮する人です。

この生まれの著名人

村上春樹

中谷美紀

基本性格

コミュニケーション能力があり、集団行動も問題なくできます。が、じつはとても変わった感性の持ち主で、本人のなかでは世間となじめていない感覚があります。子どもの頃から、生きづらさを抱えているかもしれません。

我慢強くはありませんし、型にはめられるのが大嫌い。自分が自分でいられる居場所を見つけることが開運のカギです。運気が上がると、自分と合う人が集まってきますので、その人たちとのかかわりのなかで心の安寧を得られるようになります。

仕事は独特の感性をいかせると最高です。クリエイティブな仕事が適職ではありますが、一般的な仕事でも創意工夫をすることで成果が出る仕事がいいでしょう。年上の人との相性がいいので、年配者向けの営業なども向いています。不動産や建築関係にも適性があります。

恋愛・結婚

家庭におさまりきらないタイプです。結婚しても社会とつながりをもつことをおすすめします。感性の合う人をパートナーにして、家庭内で自分を全開にしていけると、外とのバランスが取れて開運していくでしょう。

お金

世間一般の「いいもの」とは違うかもしれませんが、自分が価値を見出したものにはお金をかけます。それが高額なものだとしても、あなたの才能を伸ばしてくれるものであれば、金運への悪影響はないでしょう。金銭感覚のバランスは悪くありません。むしろ、心惹かれるものがなにもないという状況のほうが運気が落ちている可能性があり、金運的にもよくありません。

健康

脳梗塞、心筋梗塞のリスクがあり、胃腸も弱いタイプです。日々のメンテナンスを心がけてください。あなたの健康維持には、適度に体を動かし、適度に人とかかわることが大切です。

注意ポイント

強いパワーをもっているので、環境に恵まれずその力をいかしきれないと、充実感を得ることができずひがんだり、人を妬んだりしがちです。無理に人に合わせようとせず、プライベートな空間を好きなもので満たしたり、理解し合える人と語ったりして、バランスを取っていくことで開運していきます。ストレスが減れば人生はうまくいくようにできています。運をよくするには、ストレスコントロールが大切です。

八白土星

2
月生まれ
(2/4～3/4)

方位・イメージ
南西／地

あなたから見ていい相性

◎ オールマイティな相手
六白金星
七赤金星

♥ 恋愛にいい相手
七赤金星

☼ よき仕事仲間
三碧木星
六白金星

handling instructions

この生まれのトリセツ

間違っても、この生まれの人を型にはめようなんてしてはいけません。自由に好きなことができるよう、放っておくのがいちばんです。

この生まれの著名人
大地真央
桑田佳祐

基本性格

非凡の才と生きる強さをもち、冷静で周りをよく観察している人です。表面的にはとても人当たりがいいのですが、じつは「他人は他人、私は私」とわが道を行くタイプ。よほどリスペクトをした人でなければ、他人の言葉を聞き入れないところがあります。簡単には人を受け入れず、自分を出すタイプではありませんので、心開ける相手は少ないかもしれません。

環境によって流れが大きく変わる人です。自分の好きなことに対してはとことん究められる人なので、コレ！というものを見つけて打ち込むと大きなリターンを得られます。ただ、物事を始めるのに時間がかかる傾向がありますので、才能を見抜いて引き上げてくれる人との出会いがあるといいでしょう。運気を上げておくと、愛嬌が出て人からかわいがられます。

恋愛・結婚

あなたと同じ価値観を共有できる人は、なかなか現れないかもしれません。あなたの場合、妥協して選んだ人とは、いずれ行き詰まるのは明らかです。周りの意見や評価に左右されることなく、自分が「この人だ！」と感じた人との関係を大切にしていきましょう。相性がぴったりとハマるパートナーを見つけて、いい関係を築くことができると、恋愛だけでなく仕事にもよい影響が出てきます。

お金

育ってきた環境によって、お金への対応が極端に変わります。裕福な家庭で不自由なく育ったなら、好きなものに糸目をつけず使ってしまうでしょうし、逆に幼少期から節制した生活を強いられているとお金に対して強いトラウマが残ります。決してバランスはよくありませんので、誰か管理してくれる人がいるといいでしょう。

健康

我慢強く、デリケートなので、ストレスから胃腸の不調が出やすいです。メンタル面も要注意。すべてが手遅れになりがちなタイプですので、日々のケアを怠らないように。

注意ポイント

運気が落ちると、プライドが高くて頑なな、超面倒くさい人になり、周りもあなたを避けるようになります。孤高を貫く人ではありますが、行き詰まったときに陰で支えてくれる人、悩んだときに心を開いて相談できる人を一人でいいので見つけておきましょう。人に頼れない気質とはいえ、いつもすべてを自分で抱え込んで生きていくのは、あまりにもしんどいはずです。

八白土星

3
月生まれ
(3/5～4/3)

方位・イメージ
東／雷

あなたから見ていい相性

◎ オールマイティな相手
五黄土星
七赤金星
八白土星

♥ 恋愛にいい相手
四緑木星

☼ よき仕事仲間
二黒土星
七赤金星

handling instructions

この生まれのトリセツ

ノリよく楽しく過ごせることがいちばんです。好きなようにさせ、「最高！」と一緒に楽しい時間を共有できるといい関係になれます。

この生まれの著名人

藤森慎吾

丸山桂里奈

基本性格

幼少期は引っ込み思案な性格ですが、大人になると一変。明るくて元気はつらつ、「あなたといると元気になる」と言われるような性格に変わります。チャラい、軽いと思われがちですが、華やかに生きるべき人ですので、それでいいのです。じっとしていられない人ですから、どんどん新しいことにチャレンジをして、忙しい日々を送りましょう。

組織のなかで働いても起業しても、どちらでも大丈夫。人の面倒を見る能力が高いので、人を育てながら上を目指していくのがおすすめです。人とかかわったほうが断然、人生が面白くなります。ただ、舌禍をもっていますので、そこには要注意。言うべきタイミングを外して敵をつくったり、言った言わないのトラブルを招きがちです。

恋愛・結婚

子どもの性格が残る若いうちに結婚すると、地味で穏やかな人を選んでしまい、先々、性格の不一致を感じるかもしれません。ある程度の年齢になり、自分の価値観が固まってから結婚したほうが、家庭も仕事も両立しやすくなります。パートナーに対する好みが独特で、一般的な価値観とは違うところがあります。「この人のよさがわかるのは私だけ」ということも多いようです。

お金

子どもの頃は貯金が上手ですが、大人になると気がつくとお金がない！というタイプに変わります。気前よくおごってしまうなど、交際費の支出が多くなりがちですが、そこをケチってはいけません。むしろ、楽しいことはないけど貯金がいっぱいという状況のほうがよくありません。ガンガン稼いで使いましょう。

健康

活動的なうえに無理ができてしまうので、慢性疲労が心配です。人とのつきあいが多いので、飲みすぎ・食べすぎにも要注意。脳梗塞や心筋梗塞のリスクも高まります。子宮・前立腺も弱いので気をつけて。

注意ポイント

せっかちすぎるところがあります。時に周りと歩調を合わせることも必要です。また、白黒ハッキリつけたいタイプですが、生きていくうえではグレーな部分が当然出てきます。「そういうこともあるよね」といった曖昧さを受け入れて、協調性をもつと周りとうまくいくでしょう。

人間関係のトラブルがこじれると、自分を責める傾向があります。内にこもってしまい、あなたのよさがいかせなくなってしまいます。

八白土星

4
月生まれ
(4/4～5/4)

方位・イメージ
南東／風

あなたから見ていい相性

◎ オールマイティな相手
五黄土星

✿ よき仕事仲間
五黄土星
六白金星

handling instructions

この生まれのトリセツ

まずはプライドを傷つけないこと。「相談してもいいですか？」と頼ると、親身になってくれますし、本人もまんざらではないはずです。

この生まれの著名人

照英

富澤たけし

基本性格

コミュニケーション能力が高く、人あしらいがとても上手なタイプです。おそらく周囲の人は口を揃えてあなたを「いい人」だと言うでしょう。才覚がありますので、本来はひとつのところにとどまるのではなく、成功を積み重ねながら上を目指していくべき人です。

ただ、子どもの頃の繊細な性格とプライドの高さから、人の評価を気にしすぎて前に進めなかったり、完璧であることにこだわって疲れてしまいがち。優柔不断な面もあるので、考えすぎて動けなくなってしまうこともあります。とりあえず昨日の自分よりも前に進むことを意識して。自信をつけていかないと、ただの「都合のいい人」で終わってしまいます。

人とかかわっていくことで運気の流れはよくなっていく生まれですが、運気が下がると人に騙されたり、裏切られたりすることも。人を見る目を養うことも大切です。

恋愛・結婚

一見、誰とでもうまくやっていけるタイプに見えますが、我慢して自分を抑える性分ではありません。やりたいことが明確になり、道が定まったらとことんいくべき人ですので、お相手には互いに高め合っていける人、束縛しない人がおすすめです。プライドが相当高いので、自分を褒めてくれる人が近くにいると、頑張っていけます。

お金

バランスは悪くありません。仕事を頑張りながら、生来の人のよさをいかして、「仕事はできるし、腰が低くて謙虚ないい人だよね」といった状態にもっていければ、お金は入ってくるでしょう。ただ、あまりいい人になりすぎると、節約して節約してようやく貯めたお金を騙しとられる、なんてことになるので注意して。

健康

人に嫌われたくないという思いが強くなりすぎると、精神的なバランスを崩してしまいます。脳梗塞や心筋梗塞にも注意してください。

注意ポイント

繊細だった子ども時代の影響もあり、自分を守ろうとする本能が働きます。本来、どんなところでも生き抜くようなタフさはないのですが、自分を実際より強く見せたがるのもそのため。弱さを指摘されると、図星を突かれて過剰なまでに反応してしまいます。弱さがあることは決して悪いことではありません。自分らしさを認めると、格段に生きやすくなります。

八白土星

5
月生まれ
(5/5～6/4)

方位・イメージ

中宮／太陽

あなたから見ていい相性

◎ オールマイティな相手

一白水星
三碧木星
六白金星

♥ 恋愛にいい相手

六白金星

よき仕事仲間

一白水星

handling instructions

この生まれのトリセツ

必要以上に干渉せず思うようにやらせるのがいちばん。意外と単純なので、「すごいですね！」などベタな褒め言葉で頑張るタイプです。

この生まれの著名人

有吉弘行

滝沢カレン

基本性格

消極的な性格から主体的に自分を出していく性格へと変わっていきます。真逆の人間が二人、自分のなかにいる感覚があり、自分でもどこか違和感があるかもしれません。基本は「人生楽しければOK！」という人で、他人と関係を築くのも上手です。ただ、年輩者からの支援を受けられるタイプではないので、自力で切り拓いていきましょう。

ひとつのことを徹底的に突き詰めていくと、望外の結果を得ることができます。面倒見のよさもあるのですが、まずは自分を第一に。ある程度の年齢になり余裕が出てきたら、育成に力を入れるのがいいでしょう。

親との関係性が近すぎると開運しにくい生まれです。代々続く家を守らなくてはいけないなど、親とのつながりに縛られる状況だとしたら、相当しんどいはずです。実家に頼らず、適度な距離を保つほうが運は上がります。

恋愛・結婚

束縛されたり、型にはめられたりするのは大嫌い。なんなら、週末婚くらいの距離感があってもいいくらいのタイプです。パートナーにはパートナーの夢や志があって、「それぞれ頑張ろう！」と刺激し合える同志のような関係が心地いいでしょう。

お金

どんどん稼いで、どんどん使って楽しんでください。基本的に節約は向いていないタイプですが、子どもの頃の性格の影響で貯めることができます。運気の流れがいいと、貯めるところは貯める、使うところは使う、無駄なことに使わないという理想のバランスになります。

健康

子どもの頃の我慢強さが出てしまうと、ストレスから下痢をしたり、おなかが痛くなったり胃腸に出ます。慢性的な腰痛やヘルニアにも気をつけてください。脳梗塞や心筋梗塞のリスクも低くありません。体が出している小さなサインに気づかないまま大病を患う人が多いので要注意。

注意ポイント

自分にも他人にも厳しい人です。それ自体は悪いことではありませんが、「ちゃんと」を意識しすぎると自分も苦しくなります。打ち込めるものがなにもないと楽しくないので充実感が得られず、あり余るエネルギーを外にぶつけ始めます。結果、人を敵に回してしまい、大切な人があなたのもとを去っていくことになってしまいます。あなたが開運するには、仕事も家庭も子育ても、「楽しく」を基本姿勢においてください。

八白土星

6
月生まれ
(6/5～7/6)

方位・イメージ
北西／天

あなたから見ていい相性

◎ オールマイティな相手
二黒土星
八白土星

よき仕事仲間
一白水星
八白土星

handling instructions

この生まれのトリセツ

伸び伸び好きにさせてあげましょう。ただ、大変そうだったり、困っていそうなときは「大丈夫？」と声をかけて、ストレス解消の手助けを。

この生まれの著名人

松井秀喜

本田 翼

基本性格

自分のなかに確かな芯をもつ人です。子どもの頃は自我が強く、周囲とトラブルになることもあったのではないでしょうか。しかし、次第にいい意味で「適当さ」を覚え、人に合わせることも苦ではなくなっていきます。

人当たりはいいのですが、根っこの部分は辛口。何気なく発したひと言に、周囲が驚くなんてことがあるのでは？年上からかわいがってもらえますので、人とかかわりながら上を目指してください。

ただ、忍耐力はありません。苦しみながらやっていると不満ばかりが出てきて、力を発揮できなくなります。楽しくできる環境であることが大前提。壁に当たっても自力で復活する力がありますので、気づいたときには、それなりのポジションにたどり着いているタイプです。

恋愛・結婚

完全にキャリア型ですが、無体感ストレス――自分では意識できないストレスを抱えてしまうので、日々、何気なく話を聞いてくれるパートナーがいると、人生が安定します。ただ、いつもグチばかり聞かされると相手もつらくなりますので、「ありがとう」の言葉を意識的に使っていきましょう。妥協してパートナーを見つけても、あまりいいことはありません。自由にさせてくれる人を見つけましょう。

お金

コツコツと貯められるタイプではありません。なにに使ったというわけでもなく、「気づいたらお金がない」なんてことになりがち。できることなら管理を人に任せたほうがいいでしょう。ただ、循環型ですので、稼いで使うスタイルで問題はありません。

健康

ストレスに鈍いところがあります。溜まりに溜まった疲れや体調不良が一度に出てくると、健康な状態に戻すのが大変です。その日の疲れはその日のうちに癒すよう心がけて。とくに気をつけるべきは、子宮や前立腺。のどのトラブルにも注意を。

注意ポイント

「まあ、いいか」と、自分で自分に言い聞かせるクセがあります。自分のなかで納得して消化しているのでしょうが、どうしてもストレスになります。運気が落ちて、もって生まれた強いパワーのバランスが崩れると、すべてがイヤになって人を攻撃し出します。ターゲットとなるのは、そばにいるパートナーや家族。大切なものを壊してしまう前に、ストレスを自覚して、小さなうちに解消していきましょう。

八白土星

7
月生まれ
(7/7～8/6)

方位・イメージ
西／沢

あなたから見ていい相性

◎ オールマイティな相手
四緑木星

♥ 恋愛にいい相手
八白土星

☼ よき仕事仲間
四緑木星

handling instructions

この生まれのトリセツ

この人から楽しいことを奪ってはダメ。ご機嫌に過ごせるよう、思い通りにさせてあげましょう。褒められると、さらに頑張れる人です。

この生まれの著名人

中森明菜

草彅 剛

基本性格

センターに立つのが似合う、みんなの人気者です。楽しいことをして目立つのが大好き！という生き方ができていれば最高です。子どもの頃から、自分で決めて自分で進んでいくタイプですので、自分のやりたいことを見つけて邁進できれば、結果がともないますし、人生が充実します。逆に、「目立ちたくないな」と思っているときは流れがよくないというバロメーターにしてください。

声に縁がある生まれですし、華やかな世界で生きるべき人なので、司会業などのイベント関係や芸能界、夜の世界も向いています。バランスよく運気が上がってくると、仕事でも子育てでも「誰か手伝って」とひと言言えば、必ず助けてくれる人が現れる、そんな生き方ができます。

恋愛・結婚

キャリア型として生きていったほうがいい人で、結婚にこだわらず、一人で生きていく強さをもっています。あなた自身、気が多く、誰にでも優しいタイプですので、とてもモテるでしょう。ただし、誰に対しても親しげにふるまっていると、時に誤解を招き、本当に好きな人の信用を失う、ということにもなりかねません。心配性のパートナーを選ぶと相手が大変かも。固い信頼関係を築くよう努力して。

お金

人とのつきあいでお金がどんどん出ていくかもしれませんが、問題はありません。むしろ、友達が一人もいなくて貯金がたくさんあります、という状況のほうが運気の流れがよくありません。節約生活を強いられると、つらくて耐えられなくなってしまいます。完全に循環型ですので、稼いで使っていきましょう。

健康

仕事が楽しいと何日でも徹夜ができてしまうかもしれません。でも、体の疲労は溜まっていきます。つきあいの席も多いでしょうが、脳梗塞や心筋梗塞のリスクが高い人ですので、規則正しい生活を意識して。ある程度の年齢になったら、無理は控えるように。

注意ポイント

調子に乗りすぎるところがあります。ヤンチャな部分も含め、年上からかわいがってもらえるのですが、時にハメを外しすぎてひんしゅくを買ったり、あまりに礼を欠いた行動をしてしまったりして、信頼を失うことがあります。

また、運気が下がると、調子のよさにつけこまれ、騙されたり利用されたりすることがあります。イヤなことはイヤ！と断ることも覚えましょう。

八白土星

8
月生まれ
(8/7〜9/6)

方位・イメージ
北東／山

あなたから見ていい相性

◎ オールマイティな相手
一白水星
九紫火星

♥ 恋愛にいい相手
九紫火星

✿ よき仕事仲間
一白水星
四緑木星

handling instructions

この生まれのトリセツ

「変わっているな」と思う言動があっても、その独特の感性を受け入れましょう。そんな姿を見せてくれるのは信頼している証拠です。

この生まれの著名人

伊達みきお

剛力彩芽

基本性格

なんでもオールマイティにこなせる器用さに加え、芸術的感性ももち合わせています。ただ、その感性が独特なあまり周囲に理解されず、自分を隠したりしていませんか？

もともとはグイグイと自分をアピールするタイプですので、内心では窮屈に感じているのですが、それを外には出しません。とても柔和なあなたのことを、周囲は「話しやすいいい人」だと感じていることでしょう。頭がいいので、どう人とかかわっていくといいのかを、戦略的に考えられる世渡り上手な面もあるのです。

超頑固で強いこだわりをもっていますが、柔軟さもあります。うまく自分をコントロールでき感性をいかしたことができれば、人生は開花します。自分自身が落ち着くと、人のために動いていける生まれです。

恋愛・結婚

主婦／主夫をするよりも、社会とつながって広くその能力をいかしたほうがいい人です。が、同時に守ってくれる人がいたほうが安定します。自分の本音をだんだん出せなくなりますので、あなたの個性を出しても受け止めてくれる人、話を聞いてくれる人をパートナーに選びましょう。似たような感覚の持ち主で、お互いの話に「わかる！」と共感し合えると幸せを感じられるでしょう。

お金

いい流れをつかむとバランスは悪くありませんが、運気が落ちると、あるときはある、ないときはないという差が激しくなります。頭がいいので投資も向いている人です。感性だけでなく、ちゃんと勉強したうえでトレードを始めると、しっかりと利益を得ることができます。

健康

基本的に体は丈夫ですので、大きな心配はいりません。注意すべきは運動不足からの腰痛くらい。ただし、自身の健康を過信すると、手遅れになりがちだということは覚えておいてください。

注意ポイント

ほかの人にはない独特の感性をもち、頭脳派の戦略家で柔軟性もあって人ともうまくかかわっていける……と、もっている「武器」はとても多い人です。が、多すぎるためにうまく使いこなせなかったり、そもそも、その能力に気づいていないという人が少なくありません。そのため、当たれば大きいし、外れても大きいという博打のような人生になりがちです。もし人に隠している個性があるなら、思い切って出してみると運が動き出すでしょう。

八白土星

9
月生まれ
(9/7〜10/7)

方位・イメージ

南／火

あなたから見ていい相性

◎ オールマイティな相手

六白金星
七赤金星

♥ 恋愛にいい相手

一白水星

☼ よき仕事仲間

七赤金星

handling instructions

この生まれのトリセツ

美意識の高い人ですから、ファッションやメイクなど、細かな変化に気づいたら、ひと言伝えましょう。自信をもつことで、心が安定します。

この生まれの著名人

泉ピン子

長渕剛

基本性格

明るく朗らかで活動的な人ですが、周囲が思っているほど強くはなく、じつはとても繊細。あなた自身、周りが見ている自分と本当の自分が一致せず、モヤモヤとした気持ちを抱いているかもしれません。

他人の目を気にして、一歩、踏み込めないところがありますが、嫌われる勇気をもつと人生は格段に楽になります。あなたにとって必要なのは自分に対する自信です。高い理想を掲げがちですが、それも悪いことではありません。なりたい自分になれるよう努力することに、喜びややりがいを感じるからです。むしろ、自分なんてどうでもいいとなってしまったら、かなり危険な兆候だといえます。

精神的に強いわけではないので、一人でやるよりも、組織に属して、そのなかで頑張るほうが力を発揮できます。ただし、仕事だけの人生はおすすめしません。プライベートも充実させ、公私ともバランスよく生きてください。

恋愛・結婚

異性に対しても高い理想をもっています。相手に高いスペックを求めるのであれば、それに見合った自分になるべき。そのための努力はあなたにとって苦痛ではないはずなので、自分を磨いていきましょう。仕事と家庭の両立型でもいいですし、専業主婦（主夫）でも問題ありません。ただし、子どもができたとき、自分の理想を押し付けてしまう傾向があります。その点だけは十分に注意をしてください。

お金

見栄っ張りなところがありますし、自分がコレと思ったものに使ってしまうかもしれません。が、繊細でしくじるのが怖いタイプなので、気づけばなにもないということにはなりません。チマチマと地味な生活になじんでしまうほうが運気の流れを停滞させます。

健康

人の目を気にするあまり、ストレスを抱えがちです。自信を失わないために適正体重を維持することがとても重要な人ですので、食べすぎ飲みすぎに気をつけて生活を整えてください。ヨガなどで心を整えるといいでしょう。

注意ポイント

あなたが自分の身づくろいに無頓着になり、オーラを失い、生活臭を漂わせるようになったら大問題。「どうせ私なんか」というあきらめはプライドが傷つかないための予防線になりますが、再びやる気を出すのが大変になります。本来、プライドのために頑張れる人ですので、外見だけに限らず、「理想の自分」であり続けるよう努力をしてください。

八白土星

10月生まれ
(10/8～11/6)

方位・イメージ
北／水

あなたから見ていい相性

◎ オールマイティな相手
五黄土星
七赤金星

♥ 恋愛にいい相手
八白土星

☼ よき仕事仲間
六白金星
七赤金星

handling instructions

この生まれのトリセツ

頼りにされると、人に認められたと思えるものです。「あなたにしかお願いできない」といった具合に信頼を表現していきましょう。

この生まれの著名人
蛭子能収
山田孝之

基本性格

子どもの頃は明るくて元気、行動力もあるタイプでしたが、次第に自分を出さない内気な性格へと変わっていきます。「昔、自分は決断力があったのに……」と、今の自分に違和感を抱く人も少なくありません。

ただそれは、能力が失われたのではなく、一生攻め続ける人生ではないということです。若いうちに自分のやりたいことを精一杯やって、ある程度まで成し遂げたら、あとは守りに入るという人生設計がベストです。

また、大人になってからは、なにかひとつのことを追求する粘り強さが出ますので、それをいかすのもいいでしょう。公務員や事務、介護職などが向いています。

周囲はまったく気づいてはいませんが、人と一緒にいるとだんだん疲れを感じるはず。一人の空間、好きなことに没頭する時間をつくることが大切です。

恋愛・結婚

若くして結婚すると、自分を自由にさせてくれる人を選びがちです。が、その後の性格の変化を考えると、むしろ、自分をさらけ出せて、一緒に居心地のいい家庭を築いていける人がおすすめです。ある程度年齢がいくと、専業主婦（主夫）になって穏やかに暮らすこともできますが、昔の性格が残る40歳くらいまでは社会とつながっていたほうが充実感を覚えるでしょう。

お金

子どもの頃の性格から気前のよさが残りますので、使うところでは躊躇なく使うかもしれません。貯金！貯金！となるのはあまりよくありません。ほどよく稼ぎ、ほどよく貯め、自分が「コレだ！」という好きなことには使う、そんなバランスを取っていきましょう。

健康

いちばんの問題は、我慢強すぎることです。お酒を飲むことで心のバランスを取るようになると、アルコール依存症のリスクが高まります。そのほか、メンタル面での病気に注意してください。

注意ポイント

自分を出せなくなっている、かつてのエネルギッシュさがなくなっている、こうした変化に気づかない人がいます。そういう人は、心や体に蓄積したダメージにも気づかず、疲れていることが自覚できません。人との距離感を適度に保つこと、忙しくしすぎないことが大切です。きれいなキッチン、落ち着いた寝室など、癒される心地のいい空間をつくっていってください。

八白土星

11月生まれ
(11/7～12/6)

方位・イメージ

南西／地

あなたから見ていい相性

◎ オールマイティな相手

四緑木星
六白金星
九紫火星

♥ 恋愛にいい相手

四緑木星

✿ よき仕事仲間

九紫火星

handling instructions

この生まれのトリセツ

この人には自分を解放できる場が必要です。自由にさせてあげてください。型にはめたり、グイグイと距離を詰めるのはおすすめしません。

この生まれの著名人

尾崎 豊

指原莉乃

基本性格

独特の感性とセンスの持ち主です。ただ、自分を簡単には出しませんし、コミュニケーション能力があるので、周囲はあなたを変わった人だとは思っていません。

なかなかの頑固者でこだわりが強く、時間感覚も独特。興味のある人やものには一途ですが、向こうからこられるとスッとはぐらかすようなつかみどころがない人です。センスをいかして頑張れる道を見つけると生きやすくなりますし、大きな結果を出すことができます。

人は得られないものを求めると苦しくなります。あなたの場合、「安定」がそれです。安定はないかもしれませんが、運気が上がれば紆余曲折ありつつも、右肩上がりでいけます。ただ、お人好しなところがあり、時に利用されたり騙されたりすることも。経験のなかで人を見る目を養っていくことが必要です。

恋愛・結婚

自分を出せる場がひとつあると、人生が楽になっていきます。パートナーとの暮らしをそうした場にするためには、あなたの感性を受け止めてくれる人を選ぶほかありません。妥協して選んでもいいことはありません。相性のいい人はなかなか現れないかもしれませんが、価値観を共有できる人を見つけてください。

お金

バランスはあまりよくありません。実家がどういう経済状況だったかでお金に対する意識が大きく変わります。経済的に厳しい家で育つと、お金に対して「怖い」というイメージをもつでしょうし、親がお金持ちであればその価値を軽んじがちになります。稼ぐ・貯める・使うのバランスを取りにくいので、可能であれば、誰かに管理してもらったほうがいいでしょう。

健康

日々、ストレスケア・メンタルケアを心がけてください。デリケートなので、ストレスからくる胃かいようや、神経性の腸炎なども心配です。あなたが傷ついたとき、真っ先に気づいてあげられるのは、あなたしかいません。

注意ポイント

運気が落ちたときのあなたはプライドの高さばかりが鼻につく、とても厄介な人になります。いくら強いあなたでも、孤立無援の人生はあまりにハードです。どん底に落ちてから誰か支えてくれる人を探しても見つかりません。運気の流れがいいときに、この人にだけは本当の自分を出せるという人を見つけておいてください。

八白土星

12
月生まれ
(12/7～1/4)

方位・イメージ
東／雷

あなたから見ていい相性

◎ オールマイティな相手
九紫火星

♥ 恋愛にいい相手
二黒土星

☼ よき仕事仲間
七赤金星
九紫火星

handling instructions

この生まれのトリセツ

奔放に好きなことをすることで輝く人ですから、「放っておくこと」がつきあううえでの基本ルール。一緒に楽しいことをするのも◎。

この生まれの著名人

香川照之

本木雅弘

基本性格

明るくて陽気で、テンションも高め。今のあなたを知る人は、昔のあなたが弱気でおとなしい子だったとは想像できないでしょう。

ひとつのことをコツコツと続けるのは苦手ですが、新しいことにエネルギッシュにチャレンジしていく能力に長けています。「軽い」と言われても気にする必要はありません。人の世話をする力もあるので、周囲を巻き込みながら向上心をもって進んでください。

自分の考えやこだわりが強く、白黒ハッキリつけたがるところがあります。それがトラブルの原因になることもあるでしょう。白と黒だけでなく、曖昧なグレーがあって世界は成り立っています。曖昧さを認められるようになると、かなり生きやすくなるはずです。

恋愛・結婚

恋愛相手の好みは、いわゆる一般的な価値観とは大きく違うようです。周囲に紹介して、少し驚かれてしまうこともあるのでは？　性格が子どもの頃から大きく変わりますので、相性のいい相手も変わります。ある程度の年齢になってから結婚したほうが、長い人生をともに歩むパートナーとして、よりよい人を選ぶことができるでしょう。

お金

自分が楽しいと感じることへの支出や交際費をケチってはいけません。どんなにお金を貯めても、楽しみがなにひとつない日々だとしたら、そのお金をいかすことができなくなります。いつの間にかお金がなくなっている……ということもあるかもしれませんが、大きく稼いで、大きく使うことで、貯まっていくお金も徐々に増えていきます。

健康

無理がきいてしまいますが、体には確実に疲労が溜まっていきます。睡眠をしっかりとって、つきあいのお酒もほどほどにしましょう。女性は子宮、男性は前立腺に問題が出やすいので注意してください。

注意ポイント

運気がいいと、あなたの強いこだわりも譲るところ／譲らないところのバランスがよくなり、物事がスムーズに進みます。逆に、運が悪くなると逆の流れになるので、他人にはまったく理解のできないところにこだわり、意固地になってそれを押し付けトラブルになります。大切な判断は信頼できる人の客観的な意見を聞いて、確認するようにしましょう。「ちょっと違うんじゃないかな」というアドバイスがあったときは、運気が落ちているかもしれません。

八白土星

1

月生まれ

(1/5〜2/3)

方位・イメージ

南東／風

あなたから見ていい相性

◎ オールマイティな相手

二黒土星

☼ よき仕事仲間

二黒土星

八白土星

handling instructions

この生まれの
トリセツ

いい人であることに、周囲が甘えてはいけません。意見は尊重し、その能力に対してはきちんと評価し、認め、感謝することが大切です。

この生まれの著名人

バービー

きゃりーぱみゅぱみゅ

基本性格

社交的で人と人を結ぶのがとても上手なあなた。ともすると、いい人すぎて人に合わせてしまい、結果、自分のことは二の次になったりしていませんか？　また、子どもの頃のデリケートさが強く残ると、失敗を恐れてリスクを取らない道を選びがちです。

あなたは人とかかわっていくことで、どんどん運気を上げていくことができます。豊かな才能がありますので、向上心をもって挑戦を続けていくことをおすすめします。

ポイントは、自分に自信をもつこと。大きな目標を掲げると心が折れてしまいますので、日々の「できた！」を積み重ねていきましょう。昨日より今日、今日より明日の自分が楽しみになると、人生が輝き出します。お人好しがすぎて、人に騙されることがありますので、人を判断する確かな目を養っていきましょう。

恋愛・結婚

人当たりがいいので誰とでもやっていけそうですが、じつは自分のなかに譲れないこだわりをもっていますし、あまり我慢強いほうではありません。パートナーはじっくり選びましょう。あなたのことを大きく受け止めてくれる人、刺激をくれる人、一緒に切磋琢磨できる人がお相手としては最適です。褒め上手な人だと、あなたのプライドを満たし、活力を与えてくれます。

お金

自分が決めた道を歩めると、お金も入ってきます。ただ、あまりにいい人すぎて、運気が下がるとイヤと言えなくなってしまいます。たとえば、無理筋の借金の申し出に対しても「自分がなんとかしてあげよう」と援助して、結局、騙されたり……。もともとはとても金運のバランスがいいので、運気を下げないことが大切です。

健康

人の目を気にするあまり、精神的なバランスが崩れることが心配です。人を思いやる気持ちと同時に、嫌われる勇気をもつと生きやすくなります。

注意ポイント

人との関係によって大きく跳ねたり、急降下するのがあなたの人生です。運気が落ちると人に騙され、人が信用できなくなります。人間不信になり人を避けるようになると、運を上げていくきっかけすらつかめなくなります。そうなると、本来、もっている力をまったくいかせなくなってしまいます。運気を上げるよりも、運気を落とさないよう注意することが大切です。

九紫火星

2月生まれ
(2/4～3/4)

方位・イメージ

南／火

あなたから見ていい相性

◎ オールマイティな相手

一白水星
七赤金星
九紫火星

♥ 恋愛にいい相手

一白水星

☼ よき仕事仲間

六白金星
九紫火星

handling instructions

この生まれのトリセツ

☞ 小さなことだとしても、努力や成果をきちんと評価しましょう。自尊心が満たされ、前向きになるエネルギーになります。外見を褒めるのも◎。

この生まれの著名人

向井 理
弘中綾香

基本性格

幼い頃から活発で、大抵のことはなんなくこなしてしまう聡明な人です。ただ、大人になるにしたがい、人からの評価が気になり出します。「一人でも生きていけるよね」と言われるかもしれませんが、内心は繊細で臆病。失敗を恐れてチャレンジをあきらめてしまい、その高い能力をいかしきれないことも。なまじ柔軟性があるために、そこそこできるところで甘んじてしまうのです。

単純作業は向きませんし、人の面倒を見るのは得意ではありませんが、頭がよく企画力・発想力が豊かなので、その才能をいかして上を目指していけば結果は出るはずです。高いプライドが満たされ、自信がついていくと運気は上がっていきます。

美やおしゃれに対する興味や関心を高めていきましょう。外見を磨くことがあなたの自信につながります。

恋愛・結婚

柔軟性があり、どんな人とでもうまく関係を築けそうですが、内心では外見や職業、学歴などスペックが気になるタイプ。周囲がうらやむような相手と出会えるよう、自身の魅力を高めていきましょう。

地味に生きられるタイプではありませんので、家庭にどっぷりはまるとあなたの自尊心は満たされません。結婚しても社会とつながり続けてください。

お金

自分のためにお金を使いがちです。とくに、仕事などで自信がもてないと、外見を飾ることに意識がいき高額なものを買う傾向があります。ただ、あなたが自分に投資することは、開運にとって悪いことではありません。そのぶん、稼げばいいのです。

健康

体は基本的には丈夫です。ただし、デリケートな面がありますので、ストレスからの胃かいようなどに注意を。精神的な不調も気をつけてください。

注意ポイント

感情のアップダウンが激しく、時折イライラ病が出てしまいます。「私はこんなもんじゃない」と、自分で自分を追い込み、苦しくなってしまうのです。いつも「もっと！もっと！」と焦る気持ちがある反面、どこを目指しているのか自分でもよくわかっていないのでは？

小さな目標を設定して、それをひとつずつクリアしていくことを繰り返しながら、確かな自信を積み上げていくと開運します。

九紫火星

3
月生まれ
(3/5〜4/3)

方位・イメージ

北／水

あなたから見ていい相性

◎ オールマイティな相手

一白水星
二黒土星
八白土星

♥ 恋愛にいい相手

七赤金星

よき仕事仲間

一白水星
五黄土星

handling instructions

この生まれのトリセツ

相談しやすい、グチを言いやすい環境（関係）をつくっておきましょう。一人になりたそうなときは、そっとしておくことも大切です。

この生まれの著名人

青木さやか

滝沢秀明

基本性格

人柄は真面目で誠実。きちんとすることにこだわりすぎる傾向があるようです。また、大人になるにしたがい自分をガードする意識が強くなり、心を開けなくなります。昔は人といるのが大好きだったのに、今は一人で静かにしているのが心地いいといった変化を実感しているかもしれません。

先頭に立って周囲を引っ張っていくよりも、脇で支える立場のほうが能力を発揮できます。社会や人とかかわり続けることが大切ですので、資格を取得するなどして一生稼いでいける仕事を見つけられるといいでしょう。外に見せる明るさとは裏腹に、ストレスや不満を溜めやすいタイプです。また、言葉が足りず誤解されたり、気持ちが伝わらないことがあるので注意してください。

一方で人の悪口やグチを言わず、与えられた環境で頑張る意志の強さがあり、信頼を得られます。誰か一人でもいいので、ありのままの自分を出せる人を見つけておくと気持ちが安定し、開運してきます。

恋愛・結婚

荒れる人生ではありませんが、安定するタイプでもありませんので、家庭という基盤を固めておくことをおすすめします。相手は自分を出せる人、わがままを言っても受け止めてくれる人、「そうかそうか、頑張ってるね」と褒めてくれる人がベストです。

お金

運気のバランスがよくなってくるとそこそこ貯まりますが、コツコツ貯金ができるタイプではありません。基本的には人づきあいがいいので、たとえば友達の家に行くときに手土産を奮発してしまうなど、交際費が多くなります。運気が落ちると、ストレス発散のための買いものが家計の負担になることもあるので気をつけて。

健康

注意すべきはストレスの溜めすぎ。その解消のため、お酒や食に走る人が多い生まれです。お酒も度を越すと脳梗塞や心筋梗塞の原因になりますし、食欲に走れば肥満や糖尿、血圧などの病気につながります。

注意ポイント

普段、心を開かず我慢をしすぎるため、本音を出せる人に対しての当たりが強くなりがちです。また、子どもができると、「きちんと育てなきゃ」という思いから、子どもを抑えつけてしまう傾向があります。自分が溜め込みすぎるタイプだと自覚して、こまめにストレスや不満を吐き出し、気分転換を意識していきましょう。

九紫火星

4
月生まれ
（4/4～5/4）

方位・イメージ
南西／地

あなたから見ていい相性

◎ オールマイティな相手
七赤金星
八白土星

♥ 恋愛にいい相手
七赤金星

よき仕事仲間
八白土星
九紫火星

handling instructions

この生まれのトリセツ

自分のことを出せない人だということを理解しておきましょう。こちらのノリを押し付けてはダメ。安心させてあげることが大切です。

この生まれの著名人
宮沢りえ
設楽 統（バナナマン）

基本性格

自由闊達で元気いっぱい。親も手を焼くほど活発な子どもでしたが、大人になると一変。消極的で我慢強いタイプになります。昔は人に頼らず自分でいろいろ決められたのに、それがうまくできなくなった感覚があるかもしれません。人生の後半は人を頼りにし、「この人のためになにができるだろう」と支えていく立場になると運気が安定します。

かつて抱いていた夢を成し遂げられなかったという思いにとらわれがちですが、今の自分が安心できる環境づくりを意識してください。人とかかわるのは決して上手ではありませんが、子育てやボランティア活動、ペットの飼育など利他的な行動をすると自分が満たされ、動き出すきっかけになります。

あなたが「苦しい」と言葉にしたときには、手遅れになっている可能性があります。つらくなったらすぐにSOSを出しましょう。助けてくれる人は必ずいます。

恋愛・結婚

心安らげる居場所をつくるべき人なので、なるべく早くパートナーを見つけてほしいです。でも、自分から積極的にいくタイプではなく決断力もないので、誰かに背中を押してもらうといいでしょう。お見合いや結婚相談所の利用もおすすめです。専業主婦（主夫）になって内助の功でパートナーを支える力は高く、そういう生活にあなた自身安らぎを感じるでしょう。

お金

子どもの頃の性格が残っているので、若干、支出は多いかもしれません。しかし、守ってくれる人がいて安心できる場所があると気持ちが安定し、無駄づかいはなくなります。穏やかな環境を手に入れると、楽しみながら節約ができるようになります。

健康

我慢強さからくるメンタルの不調、ストレスからの食べすぎ飲みすぎが原因の生活習慣病に注意です。自分を出せない人は太りやすい傾向があります。適度な運動も心がけて健康を管理してください。

注意ポイント

子ども時代、自己主張が強すぎてトラブルになってしまうことが多く、その経験から他人に対して不信感を抱いてしまうことも。そのため、なんとか自分で解決しようとするクセがついていて、結果、手遅れになるケースが少なくありません。早め早めに人に相談することを意識すると開運していきます。

九紫火星

5
月生まれ
(5/5～6/4)

方位・イメージ

東／雷

あなたから見ていい相性

◎ オールマイティな相手

四緑木星
六白金星
九紫火星

♥ 恋愛にいい相手

九紫火星

✿ よき仕事仲間

四緑木星
五黄土星

handling instructions

この生まれのトリセツ

やりたいことを抑えつけると、本人だけでなく周囲も大変になります。好きなことにエネルギーを注げるよう後押ししてあげましょう。

この生まれの著名人

武井 壮

熊田曜子

基本性格

とても社交的で面倒見がよく、たくさんの人から慕われているあなた。表面にはあまり出しませんが、自分のなかに強い意志をもっています。

子どもの頃は慎重派でじっくり突き詰めるタイプだったため、エンジンのかかりは少々遅いですが、スイッチが入るとものすごい集中力で取り組みます。そのきっかけとなるのは自分のなかでの納得。「人は人、自分は自分」という気持ちが強く、他人と比べられるのが嫌いで、「あの人が頑張っているから自分も」というのは動き出す理由になりません。

単純作業は向いていません。他人とかかわっていくべき人で、事務職からなにかのきっかけで外回りの職に異動になり、みるみる頭角を現すようなタイプ。営業職は天職といってもいいほどです。やりたいこと、打ち込めることに早く出合えると人生が楽しくなります。

恋愛・結婚

自分が主導権を握っていきたいタイプですので、ついてきてくれる相手とうまくいきます。が、それほど我が強いわけではないので、協力し合いながら切磋琢磨していく関係もアリ。

家で待たれて、「どこにいる？」「何時に帰ってくる？」と言われるのが大嫌いですから、自由を尊重してくれる人が第一条件といえるでしょう。

お金

バランスはとてもいいです。ただ、コツコツ節約しながら地味に質素に暮らしていくよりは、一生懸命稼いで、好きなことに使うほうが運気は上がります。

健康

つきあいが多くなりがちなので、お酒の飲みすぎによる心筋梗塞、脳梗塞に気をつけてください。腰はさらに注意が必要で、もって生まれた強いエネルギーを放出する意味でも、運動をして体を動かしましょう。

注意ポイント

自分のやりたいことが見つからず、ぼんやりとした日々にどっぷりはまるといいことはありません。なんとなくうまくいかないからと、逃げの結婚をするのはあなたにとって致命的だといえます。

もともとのエネルギー値がとても高いので、その放出先が子どもに向くと最悪です。自分がいいと思ったことを子どもに押し付け、抑圧してしまいます。逆に、自分の好きなことをやりながら子育てをすると、バランスがよくなりうまくいきます。

九紫火星

6
月生まれ
(6/5〜7/6)

方位・イメージ

南東／風

あなたから見ていい相性

◎ オールマイティな相手

二黒土星
五黄土星

♥ 恋愛にいい相手

九紫火星

✿ よき仕事仲間

二黒土星
四緑木星

handling instructions

この生まれのトリセツ

プレッシャーに弱いので、重大な決断を迫ったり、責任を一身に背負うような状況は避けてあげて。自由でいられると本領発揮できる人です。

この生まれの著名人

明石家さんま

波瑠

基本性格

内向的な性格から、じっとしていられない行動派へと変わります。インドア派からアウトドア派に変わったという人もいるのでは？　決断力はさほどなく、自分が！自分が！という我の強さはありませんが、自らの手で人生を切り拓いていくべき人です。

頭を使って戦略を練ることが得意で、人と人とをつなぐ能力がありますので、仕事はコンサルティング業などがおすすめ。とにかく人とかかわり続けていることが大切で、一人で閉じこもっているような生活は息が詰まり、苦しくなります。もちろん、運気も上がりません。

子どもの頃の性格の影響で、どうしてもスタートダッシュが遅くなるタイプです。優柔不断なところもあるので、動き出す初めのきっかけが必要。早いタイミングでロールモデルとなるような人と出会えると、開運のスピードはアップしていきます。

恋愛・結婚

フラフラと風のように動いていたい人ですので、相手は自由を尊重してくれる人が第一条件でしょう。あなたに決断力がありませんので、その都度、話し合いながら決めていける対等な関係が築けると人生がより楽になります。互いにそれぞれの夢に向かって努力をしながら、支え合える同志のような二人になれたら素敵です。

お金

もし、「楽しいことはないけれど、貯金はいっぱいあるから安心」という状態だとしたら、よくありません。それよりは、「お金はないけど、毎日楽しい〜」という生活のほうが、断然、流れはいいです。金銭感覚のバランスはいいですし、波に乗れば稼げる人なので、チマチマとお金にとらわれるより、楽しく充実した生活はなにかを考えて！

健康

女性の場合、子宮頸ガンや卵巣のう腫など子宮系の病気に気をつけてください。また、頭で考えがちで我慢強さもありますので脳にも注意。脳梗塞のリスクも高いです。

注意ポイント

幼少期からの性格の変化に気づくのが遅いと、社会に出たタイミングで事務職など落ち着いた仕事を選んでしまいがちです。その変化は180度と大きいですから、次第に自分に合わなくなります。

生きづらさを感じているなら、プライベートで旅行に出かける、打ち込める趣味を見つけるなど、うまくバランスを取っていきましょう。

九紫火星

7
月生まれ
(7/7～8/6)

方位・イメージ
中宮／太陽

あなたから見ていい相性

♥ 恋愛にいい相手
二黒土星

よき仕事仲間
一白水星

handling instructions

この生まれのトリセツ

好きなようにさせるのが基本。精神的なバランスを崩しているなと思ったときも余計なことは言わず、いつもそばにいることを伝えて。

この生まれの著名人

内村光良

前田敦子

基本性格

とても鋭い感性の持ち主です。とくに子どもの頃は、人の本当の気持ちや裏に隠れている事情について察する能力が人一倍強く、なかには霊感があるという人もいるのではないでしょうか。

繊細でこだわりが強く、そして超頑固。感情のアップダウンが激しく、さっきまで機嫌がよかったのにいつのまにか塞ぎ込んでいるということも。自分のなかに二人の人間がいるかのようで、バランスを取るのがとても大変です。

芸術的なセンスをもち合わせているので、アートやクリエイティブな方面で活躍できるととても面白い人生になります。人一倍努力をすれば、普通の人ではなし得ないレベルまで到達することができる生まれです。

絶対に自分の殻に閉じこもってはいけないタイプ。素直な自分でいられるよう、自分の弱さをさらけ出せる人を見つけることが大切です。

恋愛・結婚

束縛されるなんてあり得ないタイプですから、あなたを自由にさせてくれる人が第一です。感性を否定することなく、あなたのなかにいる二人を丸ごと認めてくれる人が理想です。そんな人とともに生きることができたら、気持ちが安定して、人生はさらに拓けていきます。

お金

もともとお金に対する執着がないかもしれませんが、人生が軌道に乗れば、大きく稼げます。自分が居心地よく楽に生きられる環境を整えるために、お金を使ってください。お金はとどめておくよりも、動かすことで運気を回すことができます。

健康

108パターンのなかで、いちばんメンタルがもろい生まれです。メンタルケアを怠らないで。精神世界へ関心がある人はヨガがおすすめです。体を動かしながら、心を穏やかにすることができます。

注意ポイント

独特の感性の持ち主ですので、いつも周囲としっくりこない違和感があります。それでいて、空気を読めてしまうので、人に合わせるクセがしみついています。自分に無理をしている状態ですので、精神バランスを崩しやすく、注意が必要です。

周囲が気づくほど、気持ちのアップダウンが外に出ているときはかなりの重症。運気が落ちていくときは急下降していきます。運気を落とさないことが大切です。

九紫火星

8
月生まれ
(8/7〜9/6)

方位・イメージ
北西／天

あなたから見ていい相性

◎ オールマイティな相手
三碧木星
四緑木星

♥ 恋愛にいい相手
三碧木星

✿ よき仕事仲間
四緑木星
七赤金星

handling instructions

この生まれのトリセツ

気持ちよく過ごせる環境を整えることが大切です。自由を尊重し、解放してあげる。努力や成果に対してきちんと評価することも必要です。

この生まれの著名人

YOU

篠原涼子

基本性格

年を重ねるにしたがい、こだわりがなくなり「ま、いいか」というおおらかさが出てきます。最近、ちょっと変わったなぁと感じているようなら宿命に沿ったいい生き方ができています。

ただ、親からの影響を強く受けたままだと、親のルールに縛られ、チャンスを失います。もともと頑固でフットワークが重いタイプ。周囲からの評価を気にして、結果だけを追い求めると窮屈な生き方になってしまいます。開運のポイントはとにかく親との距離感。近すぎると運が上がりづらい生まれです。親から解放され、好きなようにできると、人生は大きく動いていきます。

そして、いかに早くいい人間関係と目標を手に入れるかが大切です。周囲の人との関係を気にして、疲れきってしまうところがありますが、あなたは居心地がいいと力を発揮できる人です。「コレだ！」というものが見つかったら頑張ることができますし、運気も上昇していきます。

恋愛・結婚

第一条件は相手の親と同居をしなくていい人です。パートナーが由緒ある家系の跡取りなんてことになると、相当大変です。外で人に気を使って疲れ切っていますから、家庭が気を使わないでいられる場所になると人生がとても安定します。年上から好かれる生まれで、女性の場合、父親と変わらない世代と結ばれる人も多いです。

お金

基本的に大人になると細やかさがなくなりますので、お金に対しても計画性をもってやりくりするのは苦手です。バランスを崩してしまうと、精神的ストレスを紛らわせるために散財してしまいます。誰かに管理を任せるほうがいいタイプ。

健康

人間関係について過敏なので、いつもおなかの調子が悪かったり、下痢をしがちだったり。胃かいようになる人も少なくありませんので、気をつけて。

注意ポイント

親や先祖からの影響が強く出る生まれです。「親のために」という考えが真っ先に出るようだと、飛躍は難しいです。開運したいなら、まずは親から自立することです。

父方・母方両方のお墓参りに行き（実際に行くのが難しければ、お墓のある方向に手を合わせ感謝して）、方位取りなどの開運行動をして後天運を上げることを意識すれば大丈夫です。

九紫火星

9
月生まれ
(9/7〜10/7)

方位・イメージ

西／沢

あなたから見ていい相性

◎ オールマイティな相手
一白水星

♥ 恋愛にいい相手
四緑木星

☼ よき仕事仲間
一白水星

handling instructions

この生まれの
トリセツ

人に合わせるのが上手な人ですが、彼女／彼の自由を尊重してあげましょう。独特の感性を認め、一緒に楽しめることができたら素敵です。

この生まれの著名人

大塚 愛

中田敦彦

基本性格

頭で考えるより、感性で動くタイプ。しかも、その感性が独特。そのため、周囲とはあまりかみ合わないかもしれません。でも、「人生、楽しまなきゃ！」を信条に、自分が中心になって人を巻き込んでいくと人生が拓けます。

感性をいかした芸能やイベント関係の華やかな仕事がお似合いですし、ノリで起業をしても意外とうまくいきます。運気が上がると育成能力が出てきますので、人を育てて会社を大きくしていくことができるかも。ただ、柔軟性はありませんので、お堅い組織に入るのはおすすめできません。気を使って人に合わせちゃダメ。迷ったら楽しいほうを選ぶ。思ったら即行動でいきましょう。もしあなたが目立つことを避け、慎重派になっていたら開運できていない可能性が大。安定とは無縁の人生だと割り切り、大変だけど楽しいことを選んでいくよう意識しましょう。

恋愛・結婚

社会では少し浮いてしまうあなたの価値観や感性に共感してくれる、同じような感覚の人がおすすめです。二人で「本当に、みんなわかってないよね」と言い合える家庭を築けたら幸せです。

子どもができるとママ友・パパ友というあなたにとっては理解し合えない人間関係が出てきます。深いつきあいをしなくて済むくらい、忙しく仕事を頑張るといいでしょう。

お金

地味に生きてはダメな人です。チマチマと節約をしなくていいくらい稼いでいきましょう。楽しくやれていれば、ちゃんと稼いでいけます。逆に、本意ではない環境に身を置くと、ストレスから無駄づかいをしてしまいますので注意しましょう。

健康

自分を出せないと、キレやすくなるなど、精神的なバランスを崩してしまいます。自己管理があまり得意ではないので、小さな異変を放置していると大ごとになります。体調がおかしいと感じたら早めに病院へ行ってください。

注意ポイント

明るいあなたですが、自分が周囲の人と合わないことに対しては悩みを抱いていたはずです。なにか秀でたものがあれば、他人に同調する必要はありませんし、逆に周囲があなたについてきます。ただ、実力がともなわなければ、自己中心的なイヤな人になりかねません。人生の機微を知ると、生きるうえでのバランスの取り方がわかります。若いうちに失敗も含め経験しておくことが宝になります。

九紫火星

10
月生まれ
(10/8〜11/6)

方位・イメージ

北東／山

あなたから見ていい相性

◎ オールマイティな相手
八白土星

♥ 恋愛にいい相手
二黒土星

☼ よき仕事仲間
九紫火星

handling instructions

この生まれのトリセツ

「いつも、ありがとう」など、あたたかい声かけを意識していきましょう。些細なひと言だとしても彼女／彼の自尊心を守ることができます。

この生まれの著名人

イチロー

深田恭子

基本性格

ニコニコと笑顔で人当たりがよく、細かいことには無頓着。それが次第に些細なことが気になり始め、人といると疲労感を覚えるようになります。その変化にあなたも周囲の人も気づいていないかもしれません。

柔軟性がなくなり頑固な面も出てきますが、一人になる時間をもって、心のバランスさえ取れれば大丈夫。コミュニケーション能力もありますし、人とつきあっていくのに必要な要領のよさはもっています。自分にとって安心できる居場所を確保しながら、社会とつながっていきましょう。

プライドが高いので、きちんと評価をされて上を目指していける仕事のほうが充実感をもって取り組むことができ、運をつかめるでしょう。

恋愛・結婚

一人で生きていくよりも、頼れる人がいて心のよりどころがあるほうが、断然、人生が落ち着きます。あなたにとって家庭は安心できる場所であるべきですから、それを一緒に築いていくのは、精神的にも経済的にも安定した人。あなた自身は仕事第一というタイプではなく、専業主婦（主夫）もできなくはありませんが、社会とのつながりはもち続けたほうが開運する生まれです。

お金

ほどほどに貯めて、ほどほどに使うタイプ。繊細なところがあるので、自分が稼がなきゃというストレスがかかると、せっかくの貯金を変なものに使ってしまったり、急に舞い込んだおいしい話に乗って騙されたりすることになります。安心・安全がキープできれば、心が落ち着くのでバランスはよくなります。

健康

運気が落ちたとき、運動不足が致命傷になりかねません。体の不調も出てくるし、運も停滞します。「運」が「動く」と書いて運動です。体を動かすことは健康のためだけでなく、あなたが開運するきっかけにもなります。

注意ポイント

仕事だけバリバリやってもつらくなりますし、家庭に入ってしまうと物足りなさを感じてしまうでしょう。仕事と家庭、みんなで過ごす時間と一人の時間、あらゆることにおいて、バランスを意識してください。

誰しもそうですが、あなたの場合とくに自分のしたことが軽んじられると許せない傾向があるようです。主張すべきことは主張すべきですが、キレやすくなっていたら運気が落ちているサイン、と自覚して。

九紫火星

11
月生まれ
（11/7～12/6）

方位・イメージ

南／火

あなたから見ていい相性

◎ オールマイティな相手

三碧木星
七赤金星
九紫火星

♥ 恋愛にいい相手

七赤金星

☼ よき仕事仲間

二黒土星
三碧木星

handling instructions

この生まれのトリセツ

ファッショナブルでおしゃれに対する関心が強い人です。センスのよさや流行感度の高さを褒めることは、彼女／彼の自己評価を高めます。

この生まれの著名人

浅野忠信

河北麻友子

基本性格

賢さと器用さを兼ね備え、美に対して高い意識をもっています。人からの評価を気にしすぎるあまり、失敗を過剰に恐れる傾向があるようです。チャレンジを避け、自分がそこそこできる環境に甘んじてしまうと、人生もぼんやりしたもので終わってしまいます。高い能力をもっているので、なにかひとつ道を定め、結果にこだわり追求していくことをおすすめします。

ルーティンワークもできますし、人を育てる能力もあります。ゼロからプランを立てたり、アイデアを練ったりする能力ももっています。いきなり高すぎるハードルを掲げるのではなく、ちょっと無理が必要でやり遂げた満足感を得られる環境を選ぶといいでしょう。注意すべきは、お人好しがすぎること。優しさは美徳ですが、人に騙されたり、利用されたりしないよう気をつけてください。

恋愛・結婚

誰とでもうまく関係を築けるタイプですが、生涯のパートナーは、あなたの自尊心を満たす人を選んだほうがいいでしょう。あなた自身が相手のスペックに見合った存在になる必要がありますが、そのための努力はできる人です。バリバリのキャリア型ではありませんが、自分に自信をもち続けるためにも仕事を続けてください。

お金

計画性をもってお金を管理することはあまり得意ではありませんが、きれいな自分でいるために使うお金は、あなたにとって必要経費です。節約するために身なりを気にしなくなると、むしろ運気は下がります。自分に自信をもって働くことでお金を回していくことができます。

健康

体は強いほうですが、そのために、いろいろなことが手遅れになりやすいです。また、いつも人の目を気にしているのでストレスが溜まりがち。うつなどの精神的な病気や胃かいように注意を。

注意ポイント

多くの人があなたのことを「いい人」だと思っていますが、「都合のいい人」に陥らないよう気をつけましょう。なんでもすぐにできてしまう能力の高さゆえ、仕事や作業をたくさん押し付けられていませんか？　誰がやっても結果が変わらない作業を任せられて「ありがとう」の言葉に満足していてはダメです。自分自身のステップアップを意識しましょう。便利に使われて終わるにはもったいない力をもっているのですから。

九紫火星

12 月生まれ
(12/7～1/4)

方位・イメージ

北／水

あなたから見ていい相性

♥ 恋愛にいい相手

五黄土星

よき仕事仲間

一白水星

handling instructions

この生まれのトリセツ

つらいことがあっても耐え忍んでしまう人です。「話したいときはいつでも言ってね」と、吐き出す場があることを知らせておきましょう。

この生まれの著名人

稲垣吾郎

高畑充希

基本性格

正直で一生懸命。なにごとにも真摯に向き合うあなた。ただ、とても頑固で自分のこだわりが強く、人が嫌いなわけではないのに、人といると疲れてしまいます。こだわりやマイルールがあるのは悪いことではありませんが、がんじがらめになるのはよくありません。あなたの場合、忍耐力もあるので弱音を吐けなくなってしまいます。「つらい」という感情に少し鈍感なのかもしれませんが、自分の本当の気持ちを溜め込みすぎると、いつか必ず爆発します。こまめに吐き出すことは、あなたにとって大切なメンタルケアだと意識してください。

資格を取得するなどして、一生続けていける仕事を見つけてください。他者とのつながりが幸運をもたらしてくれます。あなたの武器である、人を支え、後押ししていく力をいかせる仕事がおすすめです。

恋愛・結婚

外で我慢をしているために、本音を出せる人に対してはどうしてもキツく当たってしまいがちです。あなたの弱さを含めて理解してくれる、多少のわがままも受け止めてくれる懐の深い人がおすすめです。パートナーからの「いつも頑張ってるね」のひと言が、大きな力になるでしょう。

お金

きっちり貯めていくのは上手ではありません。贈りものや手土産など人とのかかわりのなかでお金を使ってしまったり、溜まったストレスから衝動的に買いものをしてしまう傾向があります。気持ちを安定させることが金運アップの第一歩です。メンタルのバランスがよくなると、お金の流れもよくなります。

健康

精神的ストレスからくる体の不調が心配です。ストレスから不摂生をすれば、糖尿病や高血圧症など生活習慣病を引き起こします。あなたの場合、我慢してしまうことが大きな要因でしょう。辛抱強さは美点とされてきましたが、現代社会ではあまりいいことがないと心得て。

注意ポイント

気をつけてほしいのは、あなたの「正しさ」を家族、とくに子どもに対して強制してはいけない、ということです。「しっかりとした子に育てなくては」との思いも、子どもの気持ちを置き去りにしたらただのエゴです。あなた自身を安定した状態に保つことが、子どもの健やかさに通じます。グチや不満、不安はその都度、吐き出す習慣をつけて、溜め込まないようにしましょう。

九紫火星

1
月生まれ
(1/5〜2/3)

方位・イメージ

南西／地

あなたから見ていい相性

◎ オールマイティな相手

五黄土星

☼ よき仕事仲間

二黒土星
五黄土星

handling instructions

この生まれの
トリセツ

☞

独特の個性や感性を受け止めることが大切です。人間関係に不安を抱きやすいので、自分を出せる場所、弱音が吐ける環境をつくってあげて。

この生まれの著名人

ビートたけし

宇多田ヒカル

基本性格

もともとはとても積極的なタイプで、年を重ねるにつれアーティスティックな感性が研ぎ澄まされ、異彩を放つタイプです。

ただし、みんなと噛み合わないことが増えていき、自分を出せなくなってしまいます。容易に人を受け入れないため孤立する人が少なくありません。若い頃にその才能をいかした道に進めるといいのですが、自分を出せないと武器であるはずの個性を出せなくなってしまいます。

強烈な個性を自覚し、「至って普通」からはみ出て、異端児を目指しましょう。うまくアピールできればキャラ込みで認められて、その世界で大きく花開きます。

根っこの部分では我慢強さがあります。が、その我慢するポイントも独特。人間関係で常に不安定さを抱えているので、自分に癒しをたくさん与えてあげてください。

恋愛・結婚

束縛や支配を愛だと感じる人がいれば、気持ちが通じていればそれだけでいいと思う人もいる——恋愛にも独自のルールがあって愛情表現も極端になりがちな生まれです。理解し合える人を見つけ出すのはなかなか難しいでしょう。共通の趣味をもつ人、昔から気がついたらそばにいる人などに目を向けて。一緒にいて居心地のいい人を見つけたら離しちゃダメ！

お金

節約上手というタイプではありません。自分が「コレ！」と思ったものには、お金を使ってしまうでしょう。周りからしたら「なんでそれに、そこまでの額を!?」というものかもしれません。自分の感性に響いたものに使うことは悪いことではありません。感性をいかすことで稼ぐことができる生まれですから。

健康

基本的に人から理解されず、他人を理解できないので強いストレスを抱えます。しかも、それを吐き出せず、溜め込みすぎて、体の不調に出るタイプです。食べすぎや飲みすぎにも要注意。

注意ポイント

才能が突出している余り、運が下がるとすべてにおいてバランスが悪くなる人です。自分の気持ちを整えられるなにかを早めに見つけてください。大好きなものを部屋に置いて癒されるのもひとつの方法ですし、この生まれの人にとっては料理も開運行動になります。アレンジを効かせたおいしい料理は運気アップにつながります。

方位のパワーをもらって運気アップ！

８つの方位にはそれぞれエネルギーがあり、人は方位に影響を受けています。ここでは、方位がもつイメージと効果についてまとめました。

とくに、生まれたときの星の配置で導き出される方位は、その人にとってもっとも縁深く、強い影響を与えます。たとえるなら、ふるさとのようなもの。それが66ページからの「108タイプ別診断」にそれぞれ記載した「方位」です。

自分にとってもっとも縁のある方位を整えることが、開運の基本となります。そして、それぞれにあったプチ開運法を実践してみてください。

また、自分の夢や目標など叶えたいテーマに応じて、方位のパワーをいかすこともできます。

たとえば、婚活中で人と深い関係を築きたい、大きな仕事を任され人望を集めたいというときは「コミュニケーション」にかかわる南東をきれいに保つ。イライラする気持ちを落ち着かせたいとき、じっくり考えごとをしたいというときは、「沈静」「集中力」の意味をもつ北の方位の部屋で過ごす、といった具合です。

小さなことの積み重ねによって運気は上がっていきます。開運につながるアイテムや習慣を生活に取り入れてみてください。

実践してみて違和感があるようでしたら、自分なりにアレンジしてください。自分にとって心地いいもの、しっくりくるものを探していくことが大切です。

北／水

NORTH

- 貯まる・深める
- 冷たい・クール
- 沈静・浄化
- 集中力
- 愛情を深める

【方位の力】北のイメージは「水」。沈静・浄化という意味があります。あなたにとって心が落ち着くものを北に置くと気持ちが穏やかになります。また、考えごとをするときに北の部屋で過ごすと集中力が高まります。睡眠の質を上げたい人は、北枕で寝ることをおすすめします。貯まる・深めるという意味もあり、通帳など大きな資産にかかわるものを北の部屋に置くと◎。

【北方位の人のプチ開運法】海や川、滝などの水辺で過ごすと癒し効果抜群。白、水色がラッキーカラーで、水色やドロップ型のアクセサリーが開運アイテム。北方位の人は冷えやすいので湯船につかる習慣を。また、ものを溜め込みやすいので、不要なものはどんどん捨てましょう。

南／火

SOUTH

- ひらめく・楽しい
- やる気・前向き
- 美・センス
- 創造力・クリエイティブ
- 注目を集める・明らかになる（バレる）

【方位の力】南のイメージは「火」。陽のエネルギーをもらえる方位です。早起きをして、窓を開けて空気を入れ替え、太陽の光をいっぱい浴びましょう。南にある場所でメイクやダイエット、トレーニングをすると効果が上がります。「表面化する」という意味があり、なにかモヤモヤしているときは、南に向かうとクリアになります。が、浮気など隠しごとがバレることも!?

【南方位の人のプチ開運法】赤やオレンジなどの元気色がラッキーカラーです。流行に敏感であることも開運につながります。南には美という意味もありますので、洋服やアクセサリーなどファッションに関するもの、美容にかかわるものがラッキーアイテムになります。

東／雷

EAST

- 始まる・出会う
- 元気・やる気
- 成長・発展
- リーダーシップ
- 若々しさ
- チャレンジ

【方位の力】東のイメージはエネルギーを放出する「雷」。太陽が昇る方向ですから、始まる・挑戦といった意味をもちます。東の部屋を仕事場にしたり、東向きに机を置くとやる気が出ます。チャレンジしたいことに関連するものを置くのもおすすめです。

【東方位の人のプチ開運法】「癒し」よりは「刺激」が開運につながります。新しいことにどんどんトライして人生にスパイスを効かせていきましょう。スタッズ（金属の鋲）などピカッと光るものやハード系のアイテムをファッションに取り入れたり、モチベーションが上がるものを身につけると運気アップにつながります。

西 沢

WEST

- 流れる・循環する
- 楽しい・欲望
- 社交性・出会い
- 人気
- 華やか・目立つ

【方位の力】西のイメージは止まることなく流れ続ける「沢」。沢の流れが止まるのはよくありません。西にものを詰め込みすぎないように。お金が循環しなくなりますよ。楽しい・社交性といった意味がありますので、西の方位に趣味に関するものを置くのがおすすめです。

【西方位の人のプチ開運法】欲望の方位でもあるので、自分の好きなものを身につけたり、部屋に置いたりすることでモチベーションが上がります。趣味が合う人たちとの交流も、運気アップにつながるでしょう。ラッキーカラーは、華やかなゴールドや黄色、オレンジやピンク系といった楽しげな色。ただトラブルが多いときは、ベージュやグリーンなどで落ち着かせて。

北東 山

NORTHEAST

- ぶれない・どっしり
- 選択肢
- 土地・不動産
- 精神安定・忍耐力
- 実家

【方位の力】北東のイメージは「山」。すべてを受け止めてくれる落ち着いたイメージです。北東に山の絵や写真、水晶などどっしりとした硬いものを置いておくと運気がよくなります。ただし、北東は鬼門にあたります。鬼門ライン（北東〜南西）は常にきれいに保ってください。また、鬼門ラインで寝るのはできるだけ避けましょう。

【北東方位の人のプチ開運法】ダイヤやルビーなどの鉱石、山をイメージするものがラッキーアイテム。山登りもおすすめです。鬼門ラインを清潔にするのはすべての人に重要ですが、とくに北東方位の人がこの方位にものを詰め込むと、人生における選択肢がなくなってしまうので注意を。

北西 天

NORTHWEST

- 上を目指す
- ていねい・上質
- 尊敬・支援
- 出世・仕事
- 日本の伝統

【方位の力】北西のイメージは「天」。ていねい・上質という意味をもちます。また支援や出世とのかかわりが強い方位です。出世したい人、独立起業を目指している人は北西の方位に上質なものを置くといいでしょう。

【北西方位の人のプチ開運法】1万円のバッグを10個ではなく、10万円のブランド品をひとつもつ。家での食事でもちょっといいお皿を使う。そんな意識が大切です。ラッキーカラーはゴールドやシルバー。日本の伝統とも縁がありますので、和テイストのものも開運には◎。お茶やお花、習字や着付けなどもおすすめです。品よくあることが開運につながります。

南東／風

SOUTHEAST

- 動く・流れる
- ふわふわ
- 信頼・人望
- 説得力
- コミュニケーション
- 増やす

【方位の力】南東のイメージは「風」。コミュニケーション能力を高める方位でもあるので、人とのかかわりを深めたいときには、南東を大切にしましょう。増やすという意味があり、木が繁茂していくイメージもあります。南東に観葉植物を置くとたくさんのパワーをもらえます。

【南東方位の人のプチ開運法】常に流れているのが風。南東の方位の人がじっと止まっているのはよくありません。休みの日もインドアで過ごすのではなく、外に出て動いていたほうが断然、気がよくなります。開運旅行はとくにおすすめです。ラッキーカラーはグリーン。キャンプやゴルフなど自然に触れるのもいいでしょう。

南西／地

SOUTHWEST

- 包み込む・育てる
- 母・家族・ふるさと
- 忍耐力・努力
- 着実・地道

【方位の力】南西のイメージは「地」。忍耐力・着実といった意味があるので、根気のいる作業は南西の部屋で行うとはかどります。また、家族・ふるさとという意味をもちます。家族写真や子どもの描いた絵など家族を象徴するものや郷土民芸品などを飾ると、方位のパワーを効果的に取り込めるでしょう。裏鬼門になりますので、観葉植物や炭、水晶など浄化アイテムを置くと◎。

【南西方位の人のプチ開運法】家を居心地よくすることがいちばんの開運法です。部屋をきれいに保ち料理をつくり、庭やベランダで野菜や花を育てる。そんな、ていねいな暮らしを意識して。地元の名産や名物を食べるのもおすすめ。ラッキーカラーはベージュ、茶色などのアースカラー。

中宮／太陽

CENTER

- 真ん中・中心
- 自分・二面性
- 極端・豪快
- 情熱・野心
- 不動産

【方位の力】中宮のイメージは自らエネルギーを発する「太陽」です。家の真ん中――宅心（たくしん）はものを詰め込みすぎず、きれいに。また、宅心でなるべく過ごさないようにしましょう。

【中宮の人のプチ開運法】中心となるべき人なので、方位のパワーに期待するよりも、断然、自分自身を磨いていくことが開運のカギとなります。家のなかを整えることも大切ですが、自ら外へと出ていくことが開運につながります。注目を浴びる存在、センターになる生き方を選びましょう。土と縁がありますので、茶色やこげ茶は相性がいい色になります。個性的なもの、輝くもの、目立つものがラッキーアイテムです。

PICK UP COLUMN 03

本命星でみる「ライトな関係性の相性」

人間関係が深まる前のベースとなる相性がこちら。
たまに顔を合わせる程度の友人や、ときどきランチに行く同僚、ママ友などとの関係は
以下の表を参考にしてください。心を通わせるようになると、相性にも変化が生じるものです。
親友や、結婚を意識するような恋愛相手、結婚相手、仕事のパートナー、直属の上司・部下、
同じプロジェクトの仲間など、かかわりが深い相手については、
108タイプ別診断に示した「あなたから見ていい相性」をチェックして。

あなたの星	BEST	BETTER	GOOD
一白水星	六白金星 七赤金星		一白水星 三碧木星 四緑木星
二黒土星	九紫火星	五黄土星 八白土星	二黒土星 六白金星 七赤金星
三碧木星	一白水星	四緑木星	三碧木星 九紫火星
四緑木星	一白水星	三碧木星	四緑木星 九紫火星
五黄土星	九紫火星	二黒土星 八白土星	五黄土星 六白金星 七赤金星
六白金星	二黒土星 八白土星	五黄土星 七赤金星	一白水星 六白金星
七赤金星	二黒土星 八白土星	五黄土星 六白金星	一白水星 七赤金星
八白土星	九紫火星	二黒土星 五黄土星	六白金星 七赤金星 八白土星
九紫火星	三碧木星 四緑木星	五黄土星	二黒土星 八白土星 九紫火星

PART 3

PAGE 179-195

開運体質になる秘訣

運をよくする「5つのポイント」

私自身、苦しみから救われたことをきっかけにさまざまな開運法を実践し、いいと実感できたことを取り入れ、独自のメソッドをつくりあげていきました。そのポイントは次の5つです。

・方位をおかさない
・悪い家相の家に住まない／家を整える
・宿命どおりに生きる
・不足感で生きない
・先祖を大切にする

方位と家相についてはＰＡＲＴ１、宿命についてはＰＡＲＴ２で具体的にお話ししました。また、５つめの「先祖を大切にする」については、今さら私が説明する必要もないでしょう。

ここでお伝えしておきたいのが、「不足感で生きない」ということです。不足感というのは現状に対して満ち足りていない思いのこと。

「できるはずがない」
「〜すべきなのに……」
「うまくいかないに違いない」
「なんで、私ばっかり」
「あの人なんて〜」

こうしたネガティブな言葉が口グセになっていませんか？　暴言や悪口ばかりを言っていませんか？　パートナーのひと言にイラッとして、こっそり舌打ちをするなんていうのも不足感の表れ。他人をうらやみ、心のなかで失敗を祈る妬《ねた》みや嫉《そね》みの感情も、自分の心が渇ききっているからです。

どんなに強力なパワースポットに行こうと、その帰り道、友達と人の悪口を言って盛り上がっているようでしたら、なんの効果もありません。

「言霊」はあります。言葉にしたもの、心に強く浮かべたものを引き寄せます。「できるはずがない」と言えばそのとおりの結果になるし、「私ばっかり」という人には災いが寄ってきます。暴言や悪口をやめて、「ありがとう」「助かりました」という「天国言葉」を使うことを心がけていきましょう。言葉が変わると気持ちにも変化が生じます。心がゆるんで前向きな気持ちになるはずです。これは運を上げやすくする、いわば開運体質づくり。開運の準備運動です。

「運がいい人」ってどんな人？

なにげなく口にしている「運がいい／運が悪い」という言葉。でも、運がいい、悪いというのは、どういうことでしょうか。

私は「運がいい」というのは、次のような状態だと考えています。

- 選択肢がたくさんある
- 直感が冴える（日々の選択を外さない）
- 効率よく結果が出る
- バランスがいい
- 楽しく悩める

選べる状態にあると、いい流れを引き寄せるきっかけになります。仕事でもたったひとつの選択肢しかなければ、気がすすまなくてもどんなに条件が悪くても、そこに行くしかありません。でも、いくつもの仕事から選ぶことができれば、自分の夢が叶うところ、楽しいところで働くことができます。恋愛や結婚のパートナーも同じですよね。

また、なにか問題が起こったとしても、たくさんの解決策があればどんなふうにも対処できます。しかも、運がいいときは直感が冴えますので、なにげなく選んだことがベストチョイスだったりもします。選択肢がたくさんあることで、効率よくいい結果を出せるのです。

そして、そんな経験を積んでいくと気持ちに余裕ができて、トラブルに対しても受け止め方が変わってきます。ある出来事に対し「最悪！　もう終わりだ！」と絶望するか「なんとかなるさ」と受け止めるかでは、心のゆれ具合は全然違います。

受けとり方が変われば、悩みの質も変わってきます。「お金がない、どうしよう……」と悩むのと「お金がない、どうやって切り抜けよう？」では、まるで立ち位置が違うことがわかるでしょう。

生きている以上、いろいろなことが起こるものです。悩みがあって当たり前。悩むのは生きている証拠。だったら楽しんで悩んだほうがいい。運がいいと、悩みがなくなるのではなく、楽しんで悩めるようになるのです。

また、小さなことに心が動かされることがなくなるので、気持ちが安定します。気持ちが安定しているとさまざまなバランスがよくなります。心と体、思考と感性が適切に働くので、いいことも悪いことも起こった現実をしなやかに受け止められるようになります。バランスが取れていると、とても生きやすくなります。

運がいい人とは、こうした「いい循環」に乗っているものなのです。

「運が悪い人」の残念な特徴

たくさんの人を鑑定してきて、うまくいかない人にはある共通点があることに気づきました。それは「運が悪い人は自分のことが好きではない」ということです。

運が悪い人は自分が嫌いです。自分を認めることができないので、それを補おうと、自分の周りの人に大きな期待をかけがちです。素敵なパートナー、かわいらしい子ども、立派な家やおしゃれな暮らし……と、幸せを外に求めるのです。

でも、パートナーや子どもが、いつも思いどおりに動いてくれるとは限りません。結果、「こうあってほしい」という（勝手な）期待から外れて、がっかりしたりイライラと怒ってみたり。心を乱す原因になってしまうのです。立派な家やおしゃれな暮らしだって、住み慣れれば、心を満たしてくれるものではなくなっていくでしょう。

期待するなら自分！　なぜなら、自分のことなら思ったとおりにコントロールできるからです。でも残念ながら、運が悪いときはそう思うことができません。考えても仕方のないことを思い悩み、不安を自分でつくり出してしまうのです。

たとえば、「明日、地震がくるかもしれない」という不安にさいなまれている人がいたとします。悩みに悩んで地震を阻止できるのなら徹底的に悩めばいい。でも、どんなに悩んだところで地震の発生を未然に防ぐことは不可能です。だとしたら、できることはくるかもしれない地震に備えることです。

この「備える」ということが、占いの大切な役割でもあります。「来年は凶」と言われたら、それはつまり、運気の流れが下がって選択肢がなくなり直感も冴えなくなるので、トラブルを引き寄せがちになる、ということ。

それが占いで事前にわかっているわけですから、準備をしておけばいいのです。引っ越しや転職など大きな変化を避ける。重要な決断をしない。迷ったら第三者に相談をする。イライラしがちになる人は、心のバランスを崩さないよう注意する……。災いのダメージをできる限り小さくする方法はたくさんありますよね。

運気が悪いときは備えればいいのですが、運気が落ちている人は余裕がありません。結果、数少ない選択肢のうちの悪いほうを引いてしまう。いいときにいいことが起こらないのも、そのためです。運気の流れを悪くするのは自分自身。「自分は運が悪いな」と思ったら、まずはそれを受け入れましょう。つらいかもしれませんが、今、運が悪い人は運を上げるチャンスが到来した人です。だってあとは、運を上げるだけ。そう思うとワクワクしませんか？

「運」は積立貯金

誰でも必ず開運できます。単一の運を上げることはできないので、金運だけ、恋愛運だけを上げていくことはできませんが、運気を上げれば、金運も恋愛運も仕事運もよくなっていきます。そして、手間をかければかけるほど、上がります。変化を実感できると楽しくなって、「もっともっと！」とハマっていくのはそのためです（結果、私のような「開運マニア」ができあがります）。

でも、残念ながらなにもせずに運が上がることはありません。「人とかかわりたくないし、働きたくないけど、お金は欲しい！」という人の運を上げることはできません。むしろ、こういう人は金運を含めて運気が落ちていくでしょう。

運は積立貯金。日頃から開運をしていくと〝残高〟がたまっていきます。残高に余裕があれば、多少のダメージを受けても平気です。一方で、ギリギリでやりくりしていると、ちょっとしたトラブルで残高がゼロどころかマイナスになってしまいます。でも、積み立てられるのですから、運気が落ちるときのために運をためておけばいい。開運はそのためのものです。

今、私が心配しているのが、多くの人の運の〝残高〟が減ってしまっているのではないか？

ということです。２０２０年春から始まった新型コロナウイルスの感染拡大で、世界中の人がいろいろなことを我慢しています。我慢は運気を下げます。

旅に出かけたり、人と会っておしゃべりをしたり、趣味の活動をしたり、人それぞれ心のバランスを取ってきたのが、コロナ禍ではできなくなってしまいました。運気の積立貯金をずっと取り崩しているようなものです。それが一年半以上続き、そろそろごまかしが効かなくなっているのではないでしょうか。

新型コロナ以降、家族や職場など人間関係の悩みが噴出しているのも、運気の残高不足ではないかと思っています。小さなことからでいいので、運気を上げていってほしいと思います。

運気はダイエットにも似ています。最初はとても大変で、効果があるのかないのかわからず、「もうやめてしまおうか……」と思います。でも、変化が目に見え始めると、楽しくなって夢中になってしまう。一度、成功したあと、リバウンドが起こりやすくキープすることが大切というところも共通します。運気も上げるのは大変なので、下げない努力が必要なのです。また、太りやすい人と太りにくい人がいるように、運気を上げやすい人と上がりにくい人がいます。人それぞれ向いているダイエット法があるように、人によって合った開運法があります。

本書で紹介した方位・家相・宿命といった開運法のなかから、ご自身に合ったものを取り入れ、試しながらアレンジをしていってください。自分に合った開運法を知っていくことが、開運への近道になります。

生き方のクセを知りましょう

先日、私のところに鑑定にいらした女性のお話です。相談の内容は高校生の息子さんが「夢も希望もない」と暴れて困っているというものでした。

「もう夫も私もどうしていいかわからない。なにかアドバイスをもらいたくて……」

そう語る女性の顔は切実なものでした。

家族の宿命や家の方位などを見て鑑定していったのですが、私はあることに気づきます。彼女から返ってくる言葉は、「いや、そうなんですけど」「でも、あの子だって」といったものばかり。すべて、私の言葉に反論するのです。

鑑定の残り時間があと15分になったところで、こう切り出しました。

「あなたはずっと私の話に対して否定ばかりしていましたよね。もしかして、息子さんに対しても同じように接しているのではないですか？」

女性ははっとした表情を浮かべました。息子さんの言い分や夫の声かけに対して、いつも打ち消す言葉でコミュニケーションをとっていたのです。なにを言っても受け入れてもらえなければ、子どもの自尊心は傷つけられます。僕は傷ついているんだ！　どうしてわからないんだ！　そんな思いが暴力というかたちで表れてしまったのでしょう。

生まれたばかりの赤ちゃんは無垢な魂をもっています。「自分のことが嫌い」という子はいません。「ママは今、忙しそうだから泣くのをやめておこう」という子もいません。でも、生きていくなかで、親から否定されたり過保護に育てられたり、あるいは学校でいじめられたり、さまざまな経験をし、自分なりに生きていく知恵を身につけていきます。

知恵といっても、心を閉ざして孤立を選んだり、つくり笑顔で取りつくろったり、いいやり方とは限りません。でも本人にとっては、つらい出来事を消化するためにはそれしかないわけです。そうした出来事が繰り返されるうちに、クセとなって身についてしまうのです。

クセは無意識に出ます。この女性も自分が「いや」「でも」ばかり使っていることに、まったく気づいていませんでした。

クセは生きていくなかで後天的に身についたものですから、変えていくことができます。おはしや鉛筆のもち方と一緒です。もちろん、時間はかかりますし、油断をするともとに戻ってしまいます。それでも、意識し続けることが大切で、いずれ必ず変えることができます。

よくないクセは直していき、同時に、いいクセをつけていくことも大切です。本章の最初に紹介した天国言葉もそうですし、家相や方位の開運術にしても、習慣やクセになっていくと当たり前のこととして生活になじんでいきます。

「開運グセ」がつけば、運気の上がるスピードもぐんと上がっていきますよ。

頑張りすぎの人は心ゆるめて

あなたは自分で運がいいと思いますか？　それとも、運が悪い？　それを知るには自分の身近にいる人を見てみましょう。不平不満ばかりを言っている人が多いようなら、自分も同じ波動にいます。あまりいい状態ではないかもしれません。

なぜかいつもイライラして気持ちがたかぶっているなら、頑張りすぎて余裕がなくなっている可能性が高いです。イライラから周囲の人へキツイ態度をとっていると、いずれ、人は去っていってしまいます。頑張りすぎは、運を下降させるということを自覚しましょう。

■頑張りすぎている人の特徴

・人のことが許せない
・完璧主義
・自分を認められない
・結果しか見ない
・マイルールが強い

頑張りすぎもクセです。意識して心をゆるめる必要があります。まず、なぜそんなに頑張ってしまうのかを考えてみましょう。不安から？　認められたいから？　理由はあるはずです。

じつは、私自身も頑張りすぎの人間でした。事業がうまくいかず、苦しくて苦しくてどうしようもないときですら、頑張って頑張ってもがいていました。なぜ、そんなに頑張っていたのか、あとになって気づいたのは母の存在があったからです。

私は、働き者で経営者としての才覚もあった母を尊敬していました。事業を継いで、一度はうまくいったものの、いろいろあって経営の危機に陥ってしまった。母が築き上げたものを手放すなんて、許してもらえないと思っていたのです。周りの人は「お母さんはそんなふうに思っていないよ」と言ってくれました。でも、心がガチガチに凝り固まっていた当時の私はとてもそうは思えず、いつも仏壇の前で泣いていました。

母の呪縛は私がつくり出したもの。自分で自分を苦しめていただけなのです。

こうした、自分で自分を縛りつけてしまう思いを私は「自縛霊」と呼んでいます。自縛霊にがんじがらめになっていた心が解放されたとき、すべてが変わりました。

頑張りすぎてしまう本当の原因を、自分で見つけるのは難しいかもしれません。まずは運気を整えて、心に余裕をつくっていきましょう。すると、不思議なことに、たまたまつけたテレビ番組や書店で手に取った雑誌などを通じてメッセージが届き、気づきを与えてくれます。

頑張らなさすぎの人がエンジンをかけるには

　頑張りすぎの人も問題ですが、なにをするにしても面倒くさくて、やる気が起きない人もまた、運気下降の警戒警報発令中。日々の疲れやストレスの蓄積が無気力につながっているのかもしれませんが、錆びついてしまったエンジンを放置していると、再び、動き出すのが難しくなってしまいます。

　幸運は向こうからやってきてはくれません。エネルギーをチャージしながら、幸せをつかむ気力を取り戻していく必要があります。

■頑張らなさすぎな人の特徴

- なんとなく一日が終わる
- 欲がない
- ハマっているものがない
- 人のことが気になる
- 夢見がち（現実逃避）

頑張らなさすぎの無気力さんのエンジンをかけるには、なにか着火剤が必要です。なんでもかまいません。周りにいる結果を出している人や楽しそうに生きている人とかかわることで、頑張ることの面白さや充実感を知ると、自然と頑張れるようになります。

「こういう人になりたい！」「これが欲しい！」という欲はいいきっかけになりますし、運気が落ちるだけ落ちて、「このままではヤバイ！」と危機感でお尻に火がつくのも悪くありません。「あの人だけには負けたくない」といった陰の動機が着火剤になるかもしれません。それもアリですが、ネガティブな理由は長続きしませんので、どこかで目的を切り替えてください。

おすすめしているのは、日々、なにか目標を決めて小さな達成感を味わうことです。取り組むのは、早起きでもウォーキングでもなんでもOK。ただ、簡単にできることに限ります。ポイントは大きな目標を立てず、少しの頑張りでできることに挑戦すること。そしてその都度、頑張った自分を認めて褒めてあげるのです。

細かいテクニックのお話になりますが、私はカレンダーで記録することをおすすめしています。人は視覚で感じると自分から動くようになります。子どもの頃の夏休みの予定表のように、目標を達成できたら◎、途中で挫折してしまったら△、できなかったら×と毎日、マークをつけていくのです。最初は×が続くこともあるでしょう。それを見て、落ち込んだり自分を責めるのではなく、月に数回でも△があったら喜んで、できた自分を褒めてあげるのです。

多少時間はかかりますが、これをやると頑張り方＝運の上げ方が確実に体感できます。

あなたの「幸せ」はなんですか？

「幸せになりたい」

誰しもそう願っています。ところが、あなたの幸せはなんですか？　とたずねると、具体的に答えられる人はほとんどいません。でも、自分にとってなにが幸せなのか、どんな人生が理想なのかを描いておくことはとても大切です。

お金を得ることがいちばんの幸せという人がいれば、家族が仲良く暮らしていければ幸せという人もいます。自分にとっていちばん大切なものはなにかを知ってほしいと思います。幸せは人によって違うものですから。

開運をしていくうえでも、ゴールが決まっていないとさじ加減ができません。旅行しようと思って旅行会社のカウンターに座ったものの、「どこに行きたいのか、私もわかりません」と言ったら、旅行会社の人だって困ってしまいます。でも、ハワイなりヨーロッパなり、ざっくりとでも行き先が決まれば、どんな観光地があって、食べものはなにがおいしいのかなどアドバイスをすることができる。開運鑑定も同じです。私のところに来るお客様も、「どういう幸せをつかみたいか」が明確な人ほど早く開運していきます。

目的地は途中で変わってもかまいません。日々生きていれば、いろいろなことがあり、悩みが変われば、思い描く理想が変わるのも当然です。「こうでなくてはいけない」という考えは、人生を息苦しくさせます。あまり先を考えられないというのであれば、一年後でもいい。半年後でもいい。先をちゃんと見据えるクセをつけるのは大切です。

私には「理想の死に方」があって、そこから逆算して日々を過ごしています。最期の場所は病院でも自宅でもどこでもいい。ただ、家族に囲まれて死にたい。そして、子どもたちに「この母の子でよかった」と思われたい。それが、幼少期に家庭に恵まれなかった私のいちばんの夢です。そのために、家族とどういう関係を築いていくのかが、生きていくうえでの最大のテーマになっています。

最終目標が明確になると、毎日、どう過ごすべきかがわかります。いちばん大切なものがハッキリするので、目標に関係ないことで多少イヤなことがあっても「ま、いいか」と思えるようになります。逆に言うと、先が見えていないと、目の前のことに左右されて、いちいち気持ちが揺さぶられてしまいます。イライラも無気力も、どちらも運を落とすことになります。

心のバランスを崩すことなく、自分の理想や夢のために過ごせたら、運は開けていきます。

正直、私の開運は手間がかかります。でも一度身につけたら一生使えるものです。早い人は3か月で変化がありますし、よほど運気が落ちている人でも、一年頑張ったら必ず変わります。

あなたは今、どんな状態にありますか？　あなたの幸せはなんですか？

それが確認できたら、開運の準備は万端です。幸せをつかみにいきましょう。

Epilogue

占いだけでは幸せになれない

「占いというより、カウンセリングみたいですね」

私の開運鑑定について、こう言われることがあります。確かに、そうかもしれません。私の鑑定はまず、ご相談に来た方のお話を聞き、悩みの本当の正体を探ることから始めます。もちろん、家相や過去の引っ越し歴、親との相性、結婚していれば夫婦の相性などを占いますが、いちばん大切にしているのは、悩みの原因はどこにあるか？　ということ。

これは、体調が悪くて病院に行ったとき、ＭＲＩや血液検査をして不調の原因を調べるようなもの。病名がわかることで、気持ちが少し楽になります。そして、病名や進行状況に応じて治療方針が決められます。開運鑑定も同じ。治療法——開運アドバイスは、悩みの原因とその人によって変わりますから、どうしてもカウンセリングのようなアプローチになるのです。

でも、悩みの原因をつきとめるのは簡単ではありません。なぜなら、悩みの本当の原因は本人が認識しているものとは限らないからです。

以前、彼氏ができないと悩んでいる女性がいらっしゃいました。とてもきれいな方で「失礼だけど、あなたほどの女性なら選び放題じゃないの？」と言うと、彼氏はできるのだけれど、なぜかもれなくダメ男ばかりだというのです。お金もずいぶん渡しているとのことでした。

でもよく話を聞いてみると、お金は無心されていたわけでなく、相手をつなぎとめようとして彼女自身が貢いでいたのです。彼女の自信のなさの表れでした。なぜ、彼女がそこまで自分に自信がもてないのかというと、宿命から外れた生き方と実家暮らしが原因でした。

彼女は本来、仕事で上を目指すべき生まれの人。でも、幼い頃から「苦労をさせたくない」「傷ついてほしくない」と母親からずっと守られて生きてきたのです。就いた職業も営業事務。自分でなにかを成し遂げた経験がないのですから、自分に自信がないのも仕方のないことでした。私は転職するようアドバイスをしました。初めて親に反抗をして、やりたかった仕事に就いた彼女はお金を稼ぐ楽しさを知り、その後、一人暮らしも始めました。

問題を解決するためには、根本的な原因にアプローチする必要があります。ただこれは、自分では意識していない心の奥底に隠れているもので、そう簡単にはわかりません。表面に出ている言葉と心の奥底にある思いが違っていることがほとんどだからです。

たとえば、「お金持ちになりたい！」という理想があったとします。でももし、潜在的に「お金が怖い」という陰のイメージをもっていたとしたら、お金に対して恐れを抱いているわけですから、なにをどう頑張っても入ってくることはありません。

恋愛・結婚に対しても同じです。「結婚をしたい」と口では言っていても、結婚に対する不安やネガティブな思いが根っこにあると、結局、うまくいかないほうを選択してしまいます。

顕在意識は、あなたの意識のなかの10％未満。どうしても大半を占める潜在意識のほうに引っ張られてしまうのです。

潜在意識がネガティブであるなら、ポジティブなものに上書きしなければ開運はできません。変えるべきは潜在意識。この根っこにある部分を変えられれば、同じような苦しみに陥ることはなくなり、あっという間に幸運を引くことができます。現実が変わり始めるのです。

私もかつては、お金に対して陰のイメージを抱いていました。6億円もの借金など、子どもの頃からお金にまつわるトラブルをあまりにたくさん経験したからです。でも、お金に対してネガティブな思いをもっているなんて、当時の私は気づきませんでした。稼げど稼げどお金がないことに疑問も抱かず、ただただ資金繰りに奔走していたのです。

でも、お金に対する恐怖がなくなった途端、売上急増というわけではありませんが、使っても入ってくるようになりました。今もそれなりの借金を抱えていますが、苦しみに感じることはありません。いまだに高額な買いものをするときにドキドキしてしまう自分がいますが、お金に対するトラウマから抜け出すことができ、そこから運気が大きく上がっていきました。

「幸せになりたい」という表層意識に現実を合わせていくためには、潜在的な部分を変える必要があるのです。

変えるのはあなた自身です。

Epilogue

占いは自分を知るための手立て、幸せに向かっていくための羅針盤のようなものです。道標にはなるけれど、占いが幸せを運んできてくれるわけではありません。そう言われるとがっかりするかもしれませんが、でも、自分自身で考えて動けば、運を上げることができます。他人任せで、待ってるだけより確実だと思いませんか？　しかも、あなたに合った幸せへのルートを示してくれる。

「占い」は人生における最強アイテムだと私は思っています。

プロローグで紹介したように、私自身、浮き沈みの激しい半生でした。「どうして私ばっかり！」と嘆いたことは何度もあります。でも、占いと出合い、自分の苦しみの原因を知り、運を上げていくことで変わることができた。ずっと、居心地が悪くてつけられなかった、母の形見の指輪もようやく数年前から身につけられるようになりました。だいぶ、心がゆるんできたのだと思います。

人の優しさに感謝できるようになったのも、人の弱さに寄り添えるようになったのも、つらい経験があったから。多くの人の悩み——家族や職場の人間関係、お金、心と体のこと、その苦しみは痛いほどわかる。誰かの役に立てるのなら……そんな思いで鑑定士を続けてきました。

この本を通じてご縁が生まれたみなさんにも、ぜひ幸せになってもらいたいと思っています。

人は誰しも、幸せになるために生まれてきます。

本書がそのための道標になることを、願ってやみません。

絶対！ 運がよくなる

家相・方位占い

発行日	2021年9月30日　初版第1刷発行
著　者	村野弘味
発行者	久保田榮一
発行所	株式会社 扶桑社 〒105-8070 東京都港区芝浦1-1-1　浜松町ビルディング
電　話	03-6368-8870（編集） 03-6368-8891（郵便室） www.fusosha.co.jp

印刷・製本　大日本印刷株式会社

STAFF

装丁・本文デザイン	岡野雅美　髙梨仁史
撮　影	山川修一（P2-8／扶桑社）
校　正	大島祐紀子
DTP	生田敦
取材・文・編集	鈴木靖子
編　集	友部綾子（扶桑社）

Printed in Japan
ISBN　978-4-594-08919-1